AF597554

Gedrukt in de Europese Unie op milieuvriendelijk gebleekt papier, geheel chloor- en zuurvrij.

www.united-pc.eu

Ik hou van mij en jou

Testament in brieven en foto's

Adolphine

Adolphine schrijft brieven aan

Foto cover:
Glasssprietenkunstwerk gemaakt door Sien van Meurs

11 januari

Lieve Lodewijk,

Ik ben op het eiland.

Ik sloot onze voordeur af en liep met mijn zware, rollende koffer naar de bus. Op het station kocht ik een treinkaartje. De hele treinreis is aan mij voorbijgegaan, ik was in gedachten verzonken.

'Oh, als het maar goed uitpakt. Zal ik het wel redden in mijn eentje? Adolphine, als je het niet redt, dan kun je altijd terug naar huis! Ja, da's een geruststellende gedachte. Maar ik ga voor de rust. Mijn gezondheid is zorgelijk. Rust-reinheid-regelmaat is goed voor mij. Adolphine, je went vast wel aan het alleen zijn. Bovendien, je gaat brieven schrijven, dat schept regelmaat. En, Finelli, wees lief voor jezelf.'

De treinreis kwam ten einde. Ik moet nog een uur met de bus naar de veerboot. De bus reed door het lege noorden. Ineens zag ik iets bijzonders: een weiland vol met witte zwanen!

'Adolphine, wat zie je nou? Misschien zijn dat ganzen. Ja, toe nou zeg, tijdens mijn fietstochten door de weilanden heb ik heel vaak zwanen van dichtbij gezien: zwanenkoppels en koppels met jong kroost. In het stadspark zijn veel ganzen. Ik weet het verschil heus wel. Maar een weiland vol met heel veel witte zwanen, dat is opmerkelijk, zeg maar rustig wonderlijk.'

Op de veerboot at ik een kom oer-Hollandse erwtensoep en toen ging ik naar buiten op het dek. De boot volgt een zigzagpatroon. De Waddenzee is ondiep en de boot volgt de vaargeulen, aangegeven door rode en groene boeien.

Een taxi bracht me naar mijn mini-appartementje aan de rand van het dorpscentrum. Een vriendelijke vrouw legt me alles uit. Dan ben ik alleen. Ik kan niet tegen onbezielde ruimtes. Snel ruim ik de koffer uit en in de woonkamer installeer ik mijn schrijfspullen inclusief een grote doos met aantekeningen. Overal zet ik waxinelichtjes neer, ik drapeer een mooie sjaal over een stoel en – na de boodschappen – staan er bloemen in een vaas en ligt er fruit op de fruitschaal.

Zo, nu is de ruimte van mij!

Ik plof neer op het bankje en zie nu pas dat er overal hoge ramen zijn: je moet gaan staan om naar buiten te kijken.

oOZegen! De buitendeur in de woonkamer heeft een laag raam en geeft een WEIDS UITZICHT.

Aarde en hemel. Ruimte en tijd.

Ik zie dorps weiland, struiken, bomen en aan de overkant huizen en lucht. De lucht is nu grijs bewolkt. Ik hoop op weergaloze Hollandse wolkenluchten.

Wat een bofkont ben ik met dit uitzicht!

’t Is januari en het wordt vroeg donker. Het schemert. Toch wil ik nog even naar strand en zee. Bij het appartement staat een leenfiets. Vlug, Adolphine, ’t is drie kilometer fietsen.

Dan sta ik op de laatste duintop. Ver weg bruist de branding, het strand is in schemerduister gehuld. Ik ben alleen. De nabije vuurtoren zwaait lichtbundels. Ik kijk naar de lichtbundels. Wat zie ik? Zachte regenboogkleuren! De lucht is vochtig en de maan staat pal boven de vuurtoren. Ik zie wat ik zie: een regenboog in het licht van de vuurtoren. Ik voel stille verwondering. Ik ga naar huis. Een volgende keer ga ik bij daglicht naar strand en zee.

Ik eet een eenvoudige dagschotel in het dorp. Opnieuw kom ik thuis. Nu overvalt me de vervreemding. Hier zit ik nu in mijn zelf gekozen sanatorium. Ik ben een normaal mens, maar wel een mens-met-kwaal. Die kwaal heet manisch-depressief syndroom. Ik heb die kwaal al 25 jaar en ik heb veel geoefend in zelfzorg, waardoor ik niet meer extreem ziek word.

Lieve Lodewijk,

Ik hou van jou en jij houdt van mij. Da’s fijn! Voor mijn evenwicht is de liefde tussen jou en mij heel belangrijk. Daarnaast tellen psychiater en medicatie, zelfzorg, en familie en dierbaren. Mijn verblijf op dit eiland komt voort uit zelfzorg. Het is de bedoeling dat RUST-REINHEID-REGELMAAT mijn gezondheid bevorderen.

Je weet het.

Om structuur in de dag aan te brengen ga ik brieven schrijven.

Lieve Lodewijk,

Wij zijn geliefden en wonen langdurig samen. Lang geleden ben ik één maal opgenomen geweest in een psychiatrisch ziekenhuis. Ik was heel ziek. Nu niet. Ik ben chronisch een beetje ziek en een beetje moe.

Je weet het.

Ik hoop hier op het eiland te herstellen. Als ik mijn evenwicht weer hervonden heb, dan ga ik naar huis.

Naar jou, naar jou & mij, naar mij.

Naar familie en dierbaren, naar de stad.

Thuis.

Nu ben ik op het eiland en dicht bij de zee.

> De oeroude zee
> tiert en raast en kalmpjes bruist;
> een baken, totem.

Liefs en kus van je geliefde Adolphine

12 januari

Lieve papa,

Een brief van je dochter Adolphine. Ik schrijf je zelden, want ik bezoek je elke dinsdag in het verzorgingstehuis. Soms bel ik je op zondag voor een gezellige babbel of voor een – grapje – 'Overdenking van de Dag des Heren'.

Ik verblijf nu tijdelijk op het kleinste bewoonde Waddeneiland. Vanuit de woonkamer kijk ik uit op het Kerkelaantje. Dit laantje is een klinkerpad voor voetgangers en fietsers en als je 500 meter richting centrum loopt kom je bij een heel lief kerkje, gebouwd in 1866, de Hervormde kerk. Verder zijn er nog een Gereformeerde kerk en een Katholieke kapel.

Op dit eiland wonen 1.000 mensen.

Nu is het januari. Grijs, koud, vochtig, stil. Er zijn weinig gasten, de restaurants zijn bijna leeg en alle terrassen zijn afgedekt.

Papa, je zou het hier nu maar niks vinden, je houdt van de stad en van levendigheid. Maar in de zomer moet het hier druk en gezellig zijn.

Oh, papa, de stranden zijn hier prachtig en heel breed en de zee bruist rondom het eiland.

Vanmiddag maakte ik een fietstocht en wat zag ik bij het restaurant aan het badstrand? Een strandrolstoel! Nooit eerder gezien, nooit van gehoord. Gratis te gebruiken. De strandrolstoel heeft een wit kunststof frame met helderblauwe kussens en die banden: wel 20 cm dik. Fantastisch!.

Meteen begon ik te fantaseren over een strandwandeling met jou in de zon, daarna een drankje in het duinrestaurant, dan met de taxi naar het dorp, rusten in het hotel, en dan 's avonds een hapje eten in de zomerse avondlucht.

Fantasie. Het zal er niet van komen. De reis is te ver en te vermoeiend.

Maar laat ik dít met jou en mijzelf afspreken. Lief papaatje, je wilt nog graag een keer naar 's Hertogenbosch, de stad waar je als jonge man voor en tijdens de Tweede Wereldoorlog woonde en waar jij en mama trouwden in 1946.

Ik bel Dirkje en Anton, we prikken een datum en dan gaan we met z'n vieren naar Den Bosch. We maken er een feestdag van en we gaan naar plekken die jíj graag wilt zien. Plus lunch en terrasje. Nee, de trein is niet zo handig. Anton heeft een grote auto, wij vieren erin, lichtgewicht rolstoel mee, huppatee, met papa op stap: FEEST.

Hier op het eiland is het geen feest, maar de rust en de stilte en het brieven schrijven doen me goed. Ik verwacht dat mijn geest & lichaam weer in balans zullen komen.

Na mijn thuiskomst kom ik op de dinsdagen weer bij mijn papa Dolf op bezoek om te horen en zien hoe het met je gaat. Dan bewonder ik het glanzende koperwerk, we eten samen een Bossche Bol, en misschien ga je orgel spelen. Dan speel je Psalm 42 en ik zing.

Liefs van je dochter Adolphine

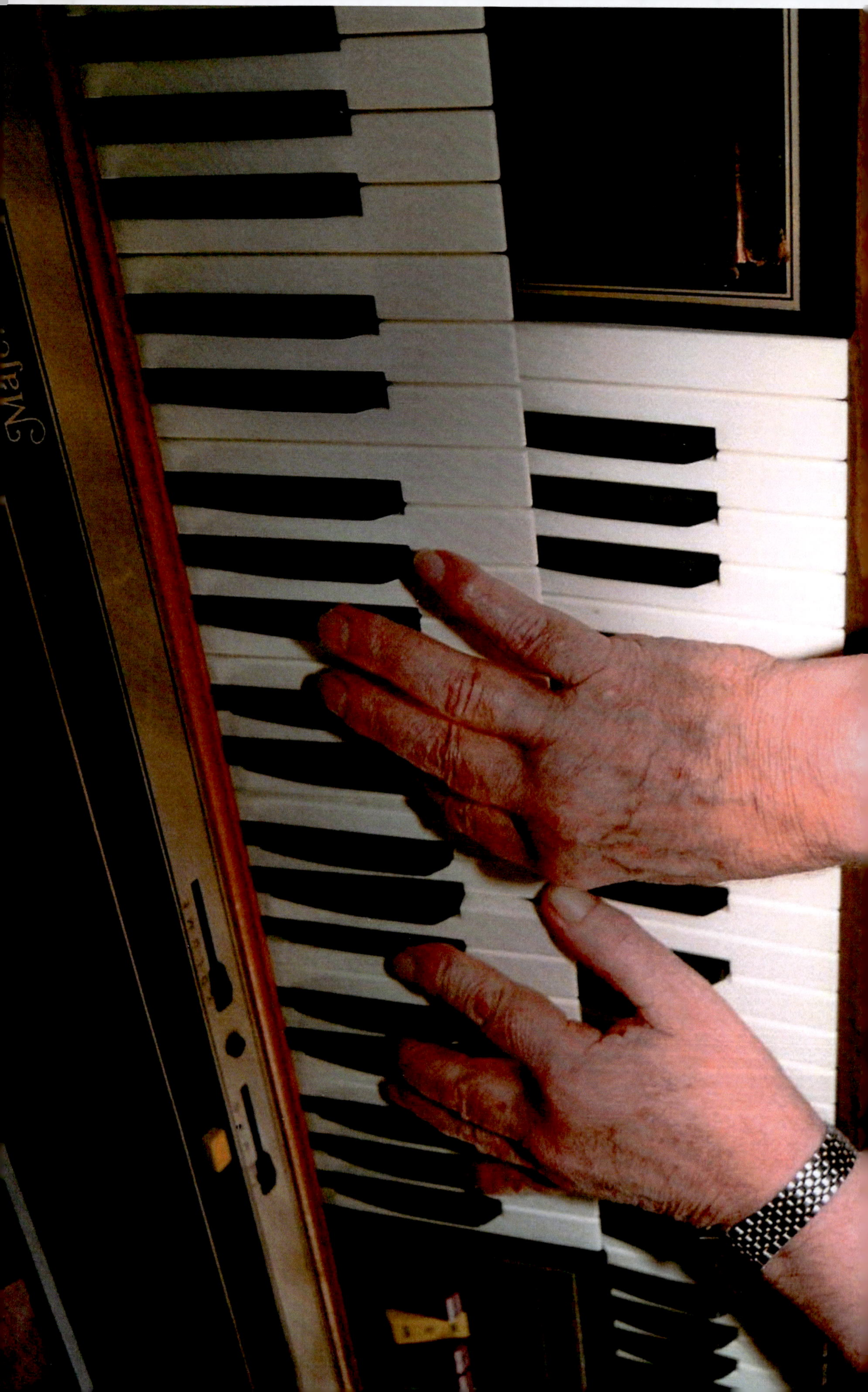

15 januari

Lieve mama Wilhelmina-in-de-hemel,

Hier op het eiland ben ik alleen en ik heb veel tijd om na te denken en te schrijven.

Mijn moeder.

Je vertrok lang geleden, ik was in de dertig. Toen je nog leefde was je voor mij een onbekende. Een stille, teruggetrokken vrouw. Papa, een bruisende en dominante man, zette de toon.

Kort voor, tijdens en vooral na je vertrek heb ik je leren kennen door te begrijpen en te ervaren hoezeer ik ook een dochter ben van mijn moeder.

Geërfde eigenschappen.

IK ben IK, er is maar één Adolphine op de hele wereld en dat ben ik. Heel veel eigenschappen in mijzelf herken ik terug in mijn vader en mijn moeder.

Voorbeeld: lezen.

Papa leest de Bijbel en de krant en het clubblad 'De Volharding' over damvraagstukken. Mama las romans en het weekblad 'Libelle'. Ik lees bijbels, romans, kranten, tijdschriften, studieboeken.

Het allerbelangrijkste zijn de kernkrachten.

Mama, pas na je dood ben ik gaan begrijpen hoe sterk je was, zowel geestelijk als lichamelijk. Je was een eenvoudige huisvrouw, stil, teruggetrokken en overvleugeld door papa. Nu zie ik dat je sterk en taai het gezin door alle stormen laveerde en wel
krachtig, volhardend, gedisciplineerd en zorgzaam.

Ik kreeg een kwaal. Soms was ik zó ziek dat ik dood wilde. Lodewijk, psychiaters en dierbaren waren en zijn mij tot steun. Ik ging niet dood. Ik-met-kwaal laveer door de stormen
krachtig, volhardend, gedisciplineerd, zorgzaam én creatief.

Hoe vaak heb ik niet gedacht in moeilijke tijden: 'Adolphine, je hebt de ruggengraat van je moeder geërfd: je maintiendrai!

Je kwam me steunen. Vele malen. De geestkracht van de vrouw die mijn moeder was geweest kwam me bezoeken en steunen. In de Bijbel lees ik dan dat er een engel voorbijkwam.

Ik voelde trillingen/vibraties om me heen en in mijn hele wezen, lichaam & geest. Ik wist heel zeker: dit is de geestkracht van mama. Geen beelden, geen geluiden, geen woorden. Sensatie, vervuld en omhuld zijn, vibraties, momenten van hemelse heerlijkheid, gedragen door hemelse heerlijkheid.

De laatste jaren kom je me niet meer vervullen. Ik vermoed: je weet dat ik nu de spoken buiten de deur hou. Psychiaters en medicijnen zijn een belangrijk begin, goed en waakzaam voor jezelf zorgen is een belangrijk vervolg. De bodem is mijn zelfliefde en de liefde tussen Lodewijk en mij.

Ik heb heel veel zelfzorgmaatregelen bedacht. Voorbeeld. Ik ben verward. Wat nu? Eerst ga ik lamlendig op de bank liggen. Dat schiet niet op. Ik wil me een klein beetje beter voelen. Dat gaat niet vanzelf. Ik moet in de benen. Met kop en kont ruk ik mijzelf van de bank. Actie! Ik kan kiezen. Adolphine, ga stofzuigen of wandelen of muziek luisteren of met wilskracht lezen of iets anders, ramen lappen, DOE WAT.

Ik voel me ellendig en ik heb nergens zin in. Dan maak ik zin. Zin maken – krachtig, volhardend, gedisciplineerd en zorgzaam – mama, dat heb ik van jou!
Wat een rijkdom!
Creativiteit en volharding, dat heb ik van papa.
Dubbele rijkdom!

Ik hou al vijftien jaar de spoken buiten de deur de deur, maar de prijs die ik moet betalen is dat ik chronisch een beetje ziek ben en daar word ik weer zo moe van.

Mijn verblijf op dit eiland is een zelfzorgmaatregel. Rust. Weinig prikkels. Slapen. Wandelen en fietsen. Telefoneren met Lodewijk, Maria en Roos. Een zeeverse haring kopen. Denken. Lezen. Schrijven. Sigaret roken. Nagels lakken. Naar het eet- en stamcafé.

Lieve mama Wilhelmina-in-de-hemel,

Je vertrok en lag thuis opgebaard, het was Pinksteren. Vaak glipte ik even naar binnen. Ik herinner me dat ik veel tegen je praatte. Kennelijk heb ik toen onbewust aangenomen dat je geest nog rondwaarde in het ouderlijk huis.

Jouw begrafenis: WONDERLIJK.

Grijze lucht. Lichte zomerregen. Wij staan om het graf op de begraafplaats, de dominee spreekt het laatste gebed, zeg amen en precies op dat moment: amen klinkt één harde donderslag. Iedereen verwonderd. Nog wonderlijker voor mij was dat ik – na amen en donderslag – voelde dat je geestkracht vertrok als een helikopter die opstijgt en wegvliegt.

Hoe ik dat weet?

Weten, wetenschap, studie, feiten, kennis, denkvermogens, verstand, intuïtie, gevoel. Je geestkracht vertrok. Ik voelde het. Ik wist heel zeker wat ik voelde. Ik weet heel helder wat ik voelde.

Later kwam je geestkracht me meermalen opzoeken, steunen, vervullen, omhullen, dragen.

Oh nee, ik was niet bang, ik voelde zuivere goedheid, een geschenk uit de hemel. Na de ervaring kon ik mijn leven-met-kwaal beter aan.

Ik heb al sinds mijn tienertijd vreemde, aparte gewaarwordingen. Die zijn van korte duur, van bliksemflits tot hooguit enkele minuten. De ervaringen zijn heel verschillend van aard. Na zo'n ervaring was ik vaak wel even verbaasd. Ik moest dan even bijkomen en vervolgens ging ik weer door met het gewone leven, bijvoorbeeld leren voor een proefwerk of voor een tentamen.

Ik sprak er niet over, ik ben gekke Henkie niet.

Rond mijn 30-ste kreeg ik mijn kwaal. In het begin zag ik tijdens een ziektegolf spoken. Zo'n golf duurde gemiddeld drie maanden. Het was me meteen glashelder dat zieke hersenspinsels niets te maken hebben met mijn gewaarwordingen. Dan was ik gezond en ik werd niet bang of in de war van zo'n bijzondere en kortdurende ervaring.

Maar nu had ik ook nog een kwaal, dus je begrijpt, ik zweeg in alle talen.

Mijn kwaal maakte me wel duidelijk dat het mijn opdracht is de aarde te zoeken, bodemcontact, stabiliteit, het leven hier en nu.

En dat doe ik. Steeds weer opnieuw zoek ik de aarde, letterlijk, door heel bewust stap voor stap mijn voeten tijdens het lopen af te wikkelen. Zo wordt mijn hoofd rustig en zo verjaag ik duistere hersenspinsels.

Lieve mama Wilhelmina-in-de-hemel

Ik ben net als jij een huisvrouw. Werelden van verschil. Ik leef in een andere tijd en ruimte. Ik mocht studeren. Ik mocht en mag het leven vrijelijk onderzoeken en ervaren. Jij kreeg kinderen, ik niet.

Denken. Ik denk heel graag. Ik vind denken FANTASTISCH.

Denken over mijzelf en mijn dierbaren. Denken over de toestand in de wereld. Denken over toen, nu, straks.

Ik probeer te komen tot kernen van zaken, wat is belangrijk in het leven nú, waar komen we vandaan en waar gaan we naartoe. Ik probeer puzzels op te lossen. Het thema stoffelijke-onstoffelijk vind ik al sinds mijn tienertijd boeiend.

Jouw geestverschijningen – trillingen, vrije energie met Wilhelmina-informatie – zijn voor mij belangrijke puzzelstukken. Ik heb er veertig jaar over gedaan om – met behulp van de logica – tot de volgende gedachten te komen.

universele wet
Alles wat leeft gaat dood.

Mijn moeder leeft en sterft.
Enerzijds sterft het lichaam af, er is een stoffelijk overschot, i.e. onbezielde materie.
Anderzijds komt de geest vrij, onstoffelijk overschot, i.e. bezielde immaterie.

Elk mens leeft en sterft.
Mijn moeder was een mens. Alle mensen zijn biologisch gelijk. Ik maak een logische sprong en bedenk dat elk mens die ooit heeft geleefd, leeft en zal leven, sterft. Ergo.

Enerzijds onbezielde materie.
Anderzijds bezielde immaterie.

Elk dier leeft en sterft.
Alles wat leeft gaat dood. Dieren zijn levende wezens en sterven, in de oertijd, nu en straks. Ergo.
Enerzijds onbezielde materie.
Anderzijds bezielde immaterie.

Elke plant leeft en sterft.
Bomen, struiken, planten tot en met de meest vroege en primitieve bacteriën zijn levende organismen die afsterven. Ergo.
Enerzijds onbezielde materie.
Anderzijds bezielde immaterie.

Ik redeneer volgens de logica en komt tot de duizelingwekkende gedachte dat er om ons heen een immense, bezielde immateriële wolk zweeft waarin het krioelt van minimimininiminiminiminimimiminimmini–geestjes tot geesten tot grote geesten tot Magnum Mysterium.

Ik vraag me af. In levende organismen zijn materie en immaterie verenigd. Na de dood raken ze gescheiden.
Vraag. Welke eigenschappen zitten er dan in de immaterie?
Wel weet ik dit: ik herkende onmiddellijk de geestverschijning van mijn overleden moeder.

Vermoeden. Is de onstoffelijke, bezielde immateriële wereld een afspiegeling van alles wat heeft geleefd?

Lieve mama Wilhelmina-in-de-hemel,

Jij was mijn moeder en je hebt goed voor mij gezorgd. Eigenschappen van jou zitten in mij. Jij kwam als geestverschijning mij steunen.

Ik ben je driemaal in het kwadraat DANKBAAR !

Liefs van je dankbare dochter Adolphine

17 januari

Lieve Finelli,

Hier ben ik nu op het kleinste, bewoonde Waddeneiland. Ik woon in mijn eentje in een klein appartementje. Voor rust – reinheid – regelmaat. Voor meer evenwicht in lichaam & geest.

Vanochtend ging ik fietsen naar de kwelders.
nevel regen droog mistig grijs regen droog zwarte en witte schapen vogels
bruingeelgroengrauw moerasland

Zo zien kwelders eruit in januari. Een paar maal per jaar overstroomt de zee dit land dat kwelders heet.
Wat een leegte.
Wat een stilte.
Dan ineens een kakofonie van vogelgeluiden.
Pure schoonheid, stilte, vogels.

Voor mij.

Na twee uur fietsen en lopen ben ik weer thuis. Ik ben blij dat ik daar even mocht zijn, daar waar het woest en ledig was, blij dat ik weer in mijn tijdelijke thuis ben in de bebouwde kom van het dorp.

Ik ben een stadsmens en begrijp

mensen huizen bomen wegen auto's fietsers supermarkten winkels restaurants bioscopen
stadsparken vijvers vogels speeltuinen kinderen
kleine scholen grote scholen bibliotheken
hotels kantoren bankgebouwen torenflats theaters concertzalen kerken meditatiecentra

Eenmaal thuis kroop de angst langzaam in mij omhoog vanuit mijn onderaardse gewelven. Ik ben niet ergens bang voor. Ik voel geen angst voor spinnen, liften, pleinen, rare geluiden, wat dan ook. Nu voel ik angst gewoon zomaar, onbegrijpelijk, bijna wurgend.

Angst is een gevoel van onveiligheid. Angst is een gevoel van bedreiging. Ik leef in veiligheid, maar de dood ligt op de loer. Met mijn ratio weet ik dat ik niet bedreigd word en dat ik veilig thuis ben.

Maar ik VOEL angst.
Ik voel ANGST.
Ik voel me GEVANGEN in mijn angst.

Ik heb geleerd: pijn wil gevoeld worden. Pijn, dat is angst, boosheid, verdriet, jaloezie, verwarring en ook lichamelijke pijnen. Ik ga niet meer onderdrukken, ontkennen, deksel op de put, want vroeg of laat komt de pijn via een omweg terug en moet ik alsnog de rekening betalen.

Ik ga rustig zitten en ga de angst verkennen. Voelen, wat voel ik, hoe voel ik, waar voel ik. De angst giert door me heen. Het lijkt of de angst me overweldigt, maar ik ben niet opgeslokt, ik ben niet overweldigd.

Ik leef. Ik kan denken. Ik ga zoeken naar een ombuiging. Als ik geluk heb gaat de angst, pijn, verwarring op de vlucht voor mijn ombuiging.

Op de heenweg naar dit Waddeneiland had ik geluk. Eerst had ik ongeluk. In de bus werd ik onrustig angstig. Ik zocht naar een ombuiging en ik wist 't meteen:

Ga zachtjes kinderliedjes zingen. Dat heb ik gedaan.
Schuitje varen, theetje drinken.
Hop, hop, hop, paardje in galop.
Twee emmertjes water halen.
Alle eendjes zwemmen in het water.
Zeg, Roodkapje, waar ga je henen.
En nog veel meer.

Toen de bus bij de veerboot aankwam had ik de onrustige angst weggezongen. Ik voelde me vrij en opgetogen. Tsjongejonge, wat een bonus! Het komt niet vaak voor dat ik meteen beloond word voor mijn ombuigingen. Wel weet ik dit: als ik niets doe blijft de pijn, angst, verwarring mij beheersen. Stilstand is achteruitgang.

Meestal kan ik de bron van angst niet achterhalen. Soms wel. Ik vermoed vanochtend
dat landschap woest en ledig
alleen op de wereld
geen mens te bekennen
wel fietspaden, bankjes, afvalbakken
het landschap woest en ledig
alleen op de wereld
aan het begin van de kwelders ontmoette ik
de eerste mens:
een joggende vrouw die glimlachend groette
mensen die elkaar erkennen en groeten
ik zag haar wel maar
ik zag het niet.

Ik wilde wég uit die kwelders.

> De fietser fietst door
> miezerige weilanden;
> zíe, daar is het dorp!

Thuis kroop de angst in mij omhoog.

Lieve Finelli,

Jij bent mijn zachtmoedige ik. Als ik mij aan jou toevertrouw vind ik vaak rust. Dit schrijven helpt me mijn angst te begrijpen en om te buigen. Ik voel de angst wegebben. Ik voel me weer veilig, goddank

Liefs, Adolphine

24 januari

Lieve Adolphine,

Het begon voor mijn tijd. Mijn moeder zei dan dat ik nog in de kool zat. Voor het begon was het onvoorstelbaar ledig. Maar dat bleef niet zo.

Materie en immaterie verenigden zich. Wat een gigantische wisselwerkingen. Samenkomen, delen, vermenigvuldigen. Onvoorstelbaar. Onbegrijpelijk.

'Toen is de kosmos geboren', zei mijn moeder. 'We kijken naar de sterren aan de hemel, maar de zon is ook een ster. De aarde draait om de zon, die ons licht en warmte geeft. De maan draait om de aarde en weerkaatst het zonlicht.'

De aarde was nog heel jong toen het leven werd geboren. Een energieblobje zonder massa verenigde zich met een aards materiedeeltje. Alles wat leeft kan zich delen of vermenigvuldigen; alles wat leeft gaat dood. Dan gaan materie en immaterie weer uiteen.

De evolutie is begonnen.

De geestenwereld is begonnen.

'Kind, het goddelijke mysterie kunnen wij niet begrijpen, maar wetenschappers hebben al heel veel ontdekt over de evolutie.

Het begon met piepkleine bacteriën. Veel later kwamen er vissen, toen allerlei landdieren, daarna vogels en tenslotte zoogdieren.

De mens is een zoogdier. De baby groeit in de buik van de moeder en na de geboorte zoogt de moeder de baby, zij heeft melk in haar borsten. Dat is belangrijk, want zo is er altijd eten voor de zuigeling.'

De jonge mens, de Homo Sapiens, bestaat nog niet zo lang, zo'n 100.000 jaar. De Homo Sapiens werd heel goed in het maken van knappe gereedschappen en in het maken en beheersen van vuur.

Hij ging steeds meer woorden bedenken en daardoor groeiden de hersenen én het bewustzijn.

Dat lijkt heel moeilijk, maar laat ik het zó zeggen. Zeg ik het woord 'moeder' dan denk je aan je eigen moeder, maar ook aan alle moeders, heel misschien denk je aan Moeder, een spirituele bron van leven. Zo hebben veel woorden oerbetekenissen van lang geleden ver voor onze geboorte.

Met de groei van het bewustzijn kreeg de mens een ik-besef: ik = IK en buiten dit IK is een ontzagwekkende en angstwekkende wereld.

Uit eerbied en vrees voor die onbegrijpelijke en onkenbare wereld, het Magnum Mysterium, gaat de mens godenbeelden maken.

Zo is mij bekend dat in Duitsland moederbeeldjes zijn gevonden, 35.000 jaar oud, waarvan men vermoedt dat dit godenbeeldjes waren ter ere van de vruchtbaarheid van de oermoeder of Moeder.

Later in de tijd is er een overvloed aan godenbeelden: zon- , regen- , oogstgoden, tempelgodinnen, voor elck wat wilsch.

Het godsbeeld wordt abstracter, de godenbeelden verdwijnen, maar in naam van god en zijn profeten laait her en der steeds weer de strijd op wie nu de enige en juiste waarheid in pacht heeft.

In de westerse wereld anno nu is een 'tegenbeweging' merkbaar. Klassieke godsbeelden worden verlaten, maar toch blijft het gevoel bestaan dat er een onkenbare wereld bestaat tussen hemel en aarde.

Sommigen stellen dat er níets is. Klaar.

Ik 'weet' dat er íets is, want soms ervaar ik dat. Mijn moeder als engel en andere bijzondere gewaarwordingen.

Ook ervaar ik dat íets in de wonderen van het gewone dagelijkse leven.

Ik hou van het gewone leven en van het Magnum Mysterium en bezing:

oOH, er is een kind geboren!

oOH, zie die supermarkt vol eten!

oOH, er komt schoon water uit de kraan!

oOH, Magnum Mysterium . . .

JAa , vrede, een regenboog!

Veel liefs voor OM en alles wat leeft,

Adolphine

Graag wil ik de volgende bronnen bedanken:

! Wilhelmina-in-de-hemel
! Dolfijntje
! mijn moeder voor haar verhalen
! mijn vader voor zijn geloof en bijbels
! Maria voor haar levenslust en eigenheid
! Roos voor haar omarmende geest
! Henk voor zijn wijsheid en theologische kennis
! de meester door wie ik het schrift maakte 'Het Heelal'
! de wetenschap

27 januari

Lieve Finelli,

Vanochtend werd ik wakker met grijzige onrust in mijn lijf. Nu word ik wel vaker onrustig wakker, maar dit voelde anders.

Ik deed wat ik meestal doe: eerst doen en daarna voelen & denken. Koffie drinken, yoghurt met muesli eten, naar buiten kijken, luisteren naar de stilte en de vogels en de straatgeluiden, soms kies ik muziek, ik lees, of niet. Zo van die dingen.

Dan ga ik heel actief ontspannen zitten en ik probeer te begrijpen wat mijn lijf mij vertelt. 't Is niet mijn kwaal, dacht ik al snel. Wat dan wel? Ik voel wolkige gevoelens. Mijn gedachten schieten alle kanten op. Rustig blijf ik zitten – dat heb ik me aangeleerd – maar na een kwartier geef ik het op. Er komt geen antwoord, ook geen begin van een antwoord. Die grijzige onrust zit nog in mijn lijf.

Ik ga naar het dorp voor een boodschapje, kom thuis, zet opnieuw koffie. Dan begin ik aan mijn dagelijkse taak: brieven schrijven. Ik blader door de map met kopieën van geschreven brieven en ineens weet ik het:

PAPA!

Zijn beeltenis doemt in me op.
Gebogen zit hij aan tafel.
Alleen.
Allenig.

Ineens besef ik dat ik een verkeerd besluit genomen heb. Ik vertrok naar het eiland en voor de rust zou ik alleen bellen met Lodewijk, Maria en Roos. Voor míjn genoegen. Tuurlijk, ik heb papa een brief geschreven. Daar is hij blij mee, vast en zeker. Maar normaal gesproken kwam ik vaak op dinsdag op bezoek én ik ging steeds vaker in het weekeinde bellen, omdat hij steeds minder kan.

PAPA VERPIETERT!

Een brief is mooi, maar direct contact, en al helemaal met je dochter, dat is niet één zonnestraal, da's een heel z☼nnebad.

Ik ga hem meteen bellen! Wacht even. 't Is nu half twaalf en na twaalven komt de warme maaltijd in het verzorgingstehuis. Na de maaltijd rust hij een uurtje. Dan kan ik beter bellen in de tweede helft van de middag.

Ik heb alleen aan mijzelf gedacht. Wat is de beste manier om te herstellen? Rust, rust, rust en dat betekent ook weinig telefoongesprekken. Maar ik ben niet doodziek en kan best twee keer in de week met papa bellen.

Papa vindt bellen leuk, hij praat honderd uit. Soms kom ik niet van hem af. Dan moet ik zogenaamd naar de wc, of ik zeg 'papa, mijn oren tuten, nu moeten we echt stoppen!'

Daarom heb ik niet aan papa willen denken. De gesprekken zijn warm en levendig, maar mij kost 't ook energie. Ik wilde alleen maar krijgen.

Ik wil niet dat mijn papaatje verpietert, mijn lieve brombeer. Straks ga ik hem bellen. Fijn!

Die grijzige onrust in mij is weggeëbd.

Liefs, Adolphine

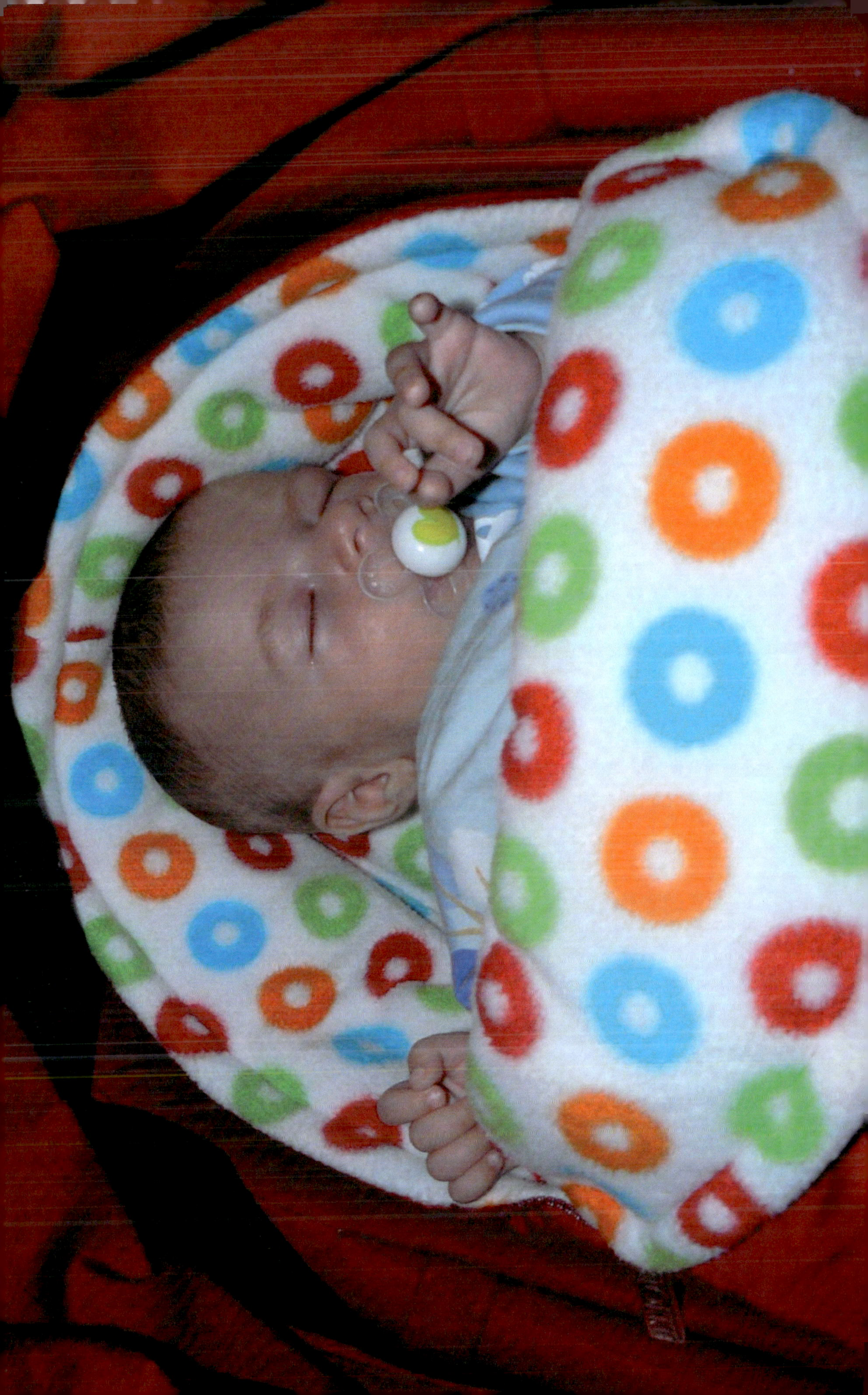

1 februari

Lieve Hugo,

Ooh, een Wonder! Je bent geboren! Welkom! Fijn! Je bent gezond! Mirakel!

Voortaan kunnen we elke dag gedenken dat je leeft totdat je dood gaat en daarna kunnen we gedenken dat je geleefd hebt. Leuk, hè? Zo kunnen we heel vaak en misschien wel een eeuwigheid aan je denken.

Alleen maar denken is een beetje saai. Feestvieren is heel leuk en elk jaar kun je je verjaardag vieren met taart en limonade en cadeautjes en ballonnen en slingers. Dan komen er lieve en aardige mensen op bezoek die je gelukwensen en je een cadeautje geven.

Nog 362 nachtjes slapen en dan komt je eerste verjaardag. Ik hoop dat ik ook mag komen. Maar eerst kom ik op kraambezoek. Dan kunnen we ontdekken of we vriendjes gaan worden.

Mama en ik zijn al heel lang hartsvriendinnen en toen jij in mama's buik ging groeien was ik de derde mens die wist van je prille bestaan.

Nu ben je geboren.
Wat ben jij een ongelofelijke Bofkont!

Je bent de zoon van papa en mama die heel veel van elkaar houden. Zij hebben besloten van jou te houden en heel goed voor je te zorgen:
eten en drinken en wonen in een huis;
knuffels en liedjes zingen;
naar de dokter gaan als je ziek wordt;
naar school gaan als je groter bent;
en nog veel meer.

Je bent geboren in Nederland in de 21-ste eeuw en dat is bofkonten.
Nederland is welvarend.
Iedereen kan eten en drinken en wonen.
Nee, Hugo, dat is niet zo gewoon. Heel veel mensen hebben niet genoeg te eten en te drinken en dan hebben ze honger of erger.
Nederland is welvarend.
Iedereen kan naar school, naar de dokter, naar het ziekenhuis, naar de rechter.
Nee, Hugo, dat is niet zo gewoon. Ik heb her en der over de wereld gereisd en

toen kwam ik erachter dat ik ook een bofkont ben, omdat ik in een welvarend, vreedzaam en rechtvaardig land geboren ben.
In Nederland is vrijheid, vrede en rust.
Wat dat is? Dat is moeilijk uit te leggen. Wel kan ik dít zeggen:
'Als er géén vrijheid, vrede en rust is, dan merk je dat metéén, want dan zijn de mensen gemeen en dan is iedereen bang'.

Wat ik het allermooiste vind?

Je bent de zoon van mama en papa en de kleinzoon van twee oma's en opa's. Hoogstwaarschijnlijk heb je eigenschappen geërfd van deze mensen en ik ben heel nieuwsgierig hoe jij steeds weer opnieuw gaat worden wie je bent.

Ga je net als mama veel boeken lezen?
Ga je net als papa drummen in de kelder?
Ga je net als die ene oma in een ver land leven?
Ga je net als die ene opa in een ver land leven?
Ga je net als die andere oma lekker koken en dan met z'n allen aan tafel?
Ga je net als die andere opa een fabriek opbouwen? Ga je? Ga je? Ga!

Hugo, je bent je eigen IK. Piepjong en een kraamkamer vol kansen.

Ik verheug me erop je binnenkort te ontmoeten en begroeten. Dan beginnen we bij het begin: ik kus mama en papa en wens ze geluk. Je ligt in de wieg en ik zeg wat ik zie: 'Wat een Wolk van een baby!' Dan bof ik, je doet je ogen open. Dan zeg ik: 'Dag Hugo,

dag wereldwonder, ik ben Adolphine en ik kom je bewonderen.' Dat vind je goed en je doet je ogen weer dicht. Dan wil ik heel graag met je praten. Ik zeg: Prroet en BBlubB en ZZzoeMmm. Je doet je ogen weer open en ik denk 'hé, dat vindt Hugo leuk' en ik doe nog een keertje ZZzoeMmm. Mooi, hè? Je sluit je oogjes toe en gaat slapen. Misschien mag ik je een volgende keer in mijn armen nemen.

Ik ben op kraambezoek en ik krijg een beschuit met blauwe en roze muisjes. Papa en mama zijn bijzondere mensen. Zij geloven dat in elk mens jongens- en meisjeseigenschappen verborgen zitten. Jij mag worden wie je bent. Met auto's spelen of leren borduren?

Het gaat erom dat je blij bent met jezelf zoals je wordende bent Ik heb een heel eenvoudig cadeautje voor je gekocht: een rammelaar. Dan kun je al vroeg

muziek maken en dat is leuk. Net als zingen en zoemen.
Maar nu slaap je, je bent nog maar een paar dagen oud.

De beschuit met muisjes is op. Ik kijk naar Hugo en kus mama en papa.

Dag lieve Hugo en mama en papa, tot de volgende keer.

Hartelijke groeten, liefs en ZZzoeMm

Adolphine

4 februari

Hallo Kochir,

Begin januari kon ik niet op jouw schoolmusical komen. Jij kan goed acteren en zingen, dat weet ik, dus het is vast goed gegaan. Jammer dat ik er niet bij was!

Mijn gezondheid is niet zo goed en ik herstel nu op een Waddeneiland. Ik slaap veel, lees, schrijf, maak strandwandelingen, drink hete chocomelk met slagroom, dat soort dingen. Het lijkt op een gewone vakantie, maar dat is het niet. Je snapt 't wel.

In de kerstvakantie, vlak voor mijn vertrek naar het eiland, zijn Lodewijk en ik naar een heel bijzonder toneelstuk geweest in een klein theater. Je zou het sch!!!tterend gevonden hebben. Ik ken je vanaf je geboorte, nu ben je 13 jaar, en omdat je het prachtig gevonden zou hebben, wil ik je graag vertellen over dit toneelstuk.

Het toneelstuk heette 'De ark van Noach'.

Het ging heel apart. Voor de ingang moesten de bezoekers een formulier invullen met naam, adres en nog meer én ze moesten met een handtekening 'De Algemene Voorwaarden' erkennen.

Het toneelstuk begon op de binnenplaats. Een verteller vertelde het verhaal van Noach, de 'Noach-acteurs' zeiden niets, maar drukten gevoelens uit zoals opgewonden fladderen met de armen of de vuisten ballen van woede.

De verteller zei dat het niet meer regende. De voorstelling buiten was afgelopen. De bezoekers en acteurs gingen naar binnen.

Kochir, toen kwam de aap uit de mouw: dit toneelstuk bleek een totaaldramastuk te zijn, de bezoekers werden actieve deelnemers en de acteurs werden begeleiders. Iedereen kon rondkijken in vier ruimtes.

In het voorportaal was de garderobe en de bar voor de drankjes.
De huiskamer was een gezellige ontspanningsruimte met luie stoelen, een ligbank, boekenkast en dergelijke.
Het laboratorium was een ruimte voor speciaal onderzoek.
Het paradijs bleek een heel veelzijdige ruimte voor spel, yoga, horeca, muziek, film, podiumkunst en zelfs nog meer.

De acteurs/begeleiders stellen vragen aan iedereen, zo ook aan mij. 'Mevrouw, wat vindt u van uw verblijf hier?' Mijn antwoord was: 'Geweldig! Ik blijk uitverkoren te zijn om na een grote ramp te mogen doorstarten.'

Ik keek eventjes rond in voorportaal, huiskamer en paradijs.

Ineens kwamen drie acteurs/begeleiders op me af. Ze dreven me dwingend in een hoek. 'Mevrouw, u heeft eerder gesproken over uitverkorenen. Dat strookt níet met De Algemene Voorwaarden. Wij moeten u vragen te zwijgen.'

Kochir, ze waren heel dwingend en dreigend! Ik moest me fel verdedigen! Ik hield een pleidooi voor de vrijheid van meningsuiting, maar ik zei ook dat ik De Algemene Voorwaarden respecteer. Nou, toen lieten ze me onwillig gaan.

Het laboratorium vond ik heel interessant. Kochir, jij zou ook heel nieuwsgierig zijn. Ik vertel 't een beetje kort. In het laboratorium onderzocht men allerlei beschermende mogelijkheden voor rampen: speciale kledij (hahaha, overalls in gekke kleuren), (namaak-) drankjes tegen gevaarlijke ziektes, kartonnen maquettes met huizen die bestand zijn tegen aardbevingen, orkanen, tsunami's, en meer. Heel spannend allemaal.

In het laboratorium keek ik rond en stelde vragen.

Ineens was er TUMULT.

De acteurs/begeleiders renden opgewonden en paniekerig rond. Iedereen moest naar het paradijs.

Verwarring. Geduw. Gestruikel.
Ik zit op de grond in een tjokvol paradijs.
Uit luidsprekers klinkt het getik van een klok.
Een stem gaat indringend aftellen.

tien

negen

acht

zeven

zes

vijf

vier

drie

twee

een

NUL

Alle lichten gaan uit.

STIKDONKER

Stilte, de klok blijft tikken . . . .

Een stem zegt: 'Het is hier best gezellig.'

Een andere stem zegt: 'Hoe lang zal het nog donker blijven?'

Iemand hoest.

Er valt iets op de grond.

Voeten schuifelen.

De klok tikt . . . . .

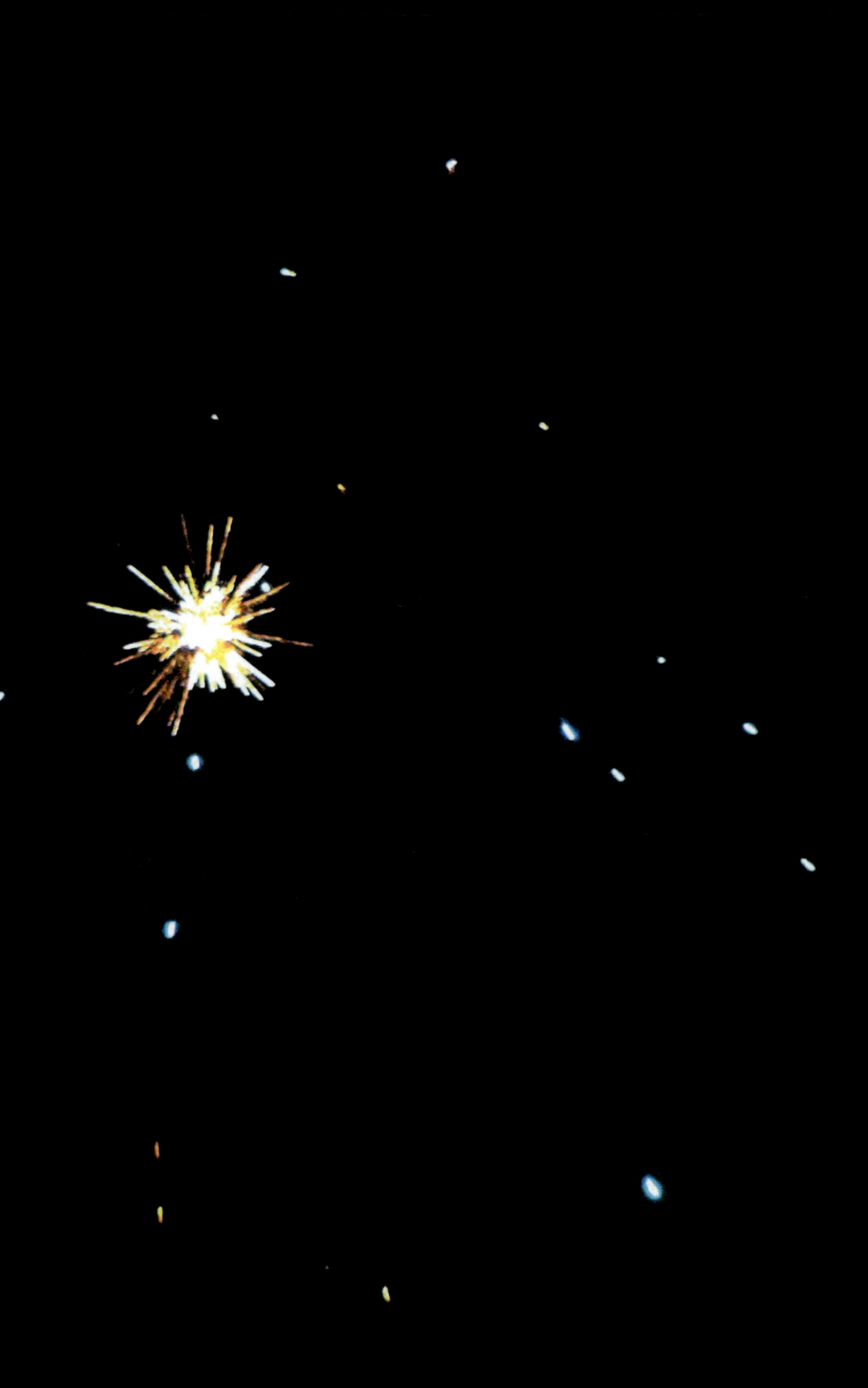

. . . . .

Stikdonker.

Ik móest iets doen.

Ik deed wat ik deed.

Ik zocht mijn aansteker en maakte een heel klein lichtje in het stikdonker.

Stilte, donker, klokgetik . . . .

LICHT

De lichten waren weer aan.
De acteurs gingen op het podium staan.
De mensen kijken verdwaasd om zich heen, ze begrijpen dat ze weer gewone toeschouwers zijn.

Het publiek klapt voor de toneelspelers.

Kochir, dit is mijn belevenis van het 'toneelstuk' 'De ark van Noach'.

Oh ja, er schiet me nog iets te binnen. Als jij en je zus en je ouders ooit nog eens op dit prachtige eiland komen: er is ook een interessant schelpenmuseum. Zelf schelpen zoeken op het strand is natuurlijk het leukst. Vooral na een storm zijn er heel veel schelpen. Met al je vondsten kun je naar het schelpenmuseum gaan. Ze vinden het daar leuk om veel te vertellen over je vondsten.

Nu ga ik stoppen. Als ik weer thuis ben maak ik gauw een eetafspraak met jullie alle vier.

Hartelijke groeten en liefs van je tante

Adolphine

7 februari

Lieve Eva,

Ik ben nu zo'n vier weken op het eiland. In deze brief ga ik je niet vertellen hoe mooi het eiland is. De oeroude zee, de ongerepte stranden, de beboste duinen, de lege kwelders, de groene weilanden, het dorp, de vuurtoren.
Ik ga je ook niet vertellen hoe ik leef. Mini-appartementje, alleen, eten en drinken, slapen, schrijven, boeken, muziek, televisie en denkvoeldenken; naar buiten en lopen, fietsen, boodschappen doen, eet- en stamcafé en weer naar binnen.
Ook niet: eindeloos, weergaloos, rusteloos, speculoos, broos.
Lieve Eva, ik ga je vertellen over mijn herinneringen. Over Eva die ik leerde kennen toen ze drie maanden was. Ik werd toen je oppas-voor-een-dag. Nu ben je tweeëntwintig.

Oh Eva, wat was ik blij met jou. Ik had net een kersverse kwaal, ik was arbeidsongeschikt geworden en ik zat in zak en as. Toevallig ging ik op kraambezoek bij een ex-studiegenote. Ze kon geen oppas vinden.

Die eerste oppasdag staat me nog helder voor de geest. Eva, je was een Wolk van een baby!

'Dag Eva, ik ben je oppas Adolphine.' Je lag in een wipstoeltje en je keek helder uit je ogen. Ik wilde graag contact met je maken en zei: pPRoeT en bbBLUbb en zzZOEMmm.

En jij, Eva, jij begon te glimlachen! Fantastisch! Oh, wat was ik blij. Je bleef glimlachen door de jaren heen. Ik heb je leren kennen als een rustig, evenwichtig en blij mensenkind, een zonnetje in huis. Is dat even bofkonten!

Ik ben één keer boos op je geweest. Je was een jaar of vijf en je zat te klieren, een zeldzaamheid. Toen zei ik heel boos 'EVA'. Je holde de trap op naar je kamer. Tien minuten later kwam je weer naar beneden, glimlachend, en ik weet nog, je neuriede tralalalaaaa. Ik genoot stilletjes, maar vroeg heel gewoon: 'Wil je nog iets drinken?'

Die eerste oppasdag was een dag vol verkenningen. Je in mijn armen nemen, kijken, flesje geven, kijken, aan elkaar wennen, kijken en luisteren.

Ik ben een vreemd nieuw mens en ik verwacht elk moment een ongelukkig huiltje. Ik herinner 't me niet.

's Middags gingen we de wijde wereld in. Jij lag in de wandelwagen en wij wandelden in het nabije stadspark, het mooiste park van Nederland. Ik voelde me zo raar, zo vreemd.
Adolphine, gekwetste ziel, kersverse kwaal, gedroomde toekomst aan flarden.
Adolphine, oppas van Eva, nu al een zonnekind, een geschenk uit de hemel.

Alras beleefde ik met jou een klein wonder. We gingen een boodschapje doen en kwamen bij de winkel. Toen gebeurde het wonder: mensen knikken mij vriendelijk toe, ze kijken naar jou in de wandelwagen en iemand snelt naar de deur om die voor ons open te houden. Halleluja! Zoiets was me nog nooit overkomen! Maar nu was ik met Eva, een pril mensenkind, onschuldig, een belofte. Dan gaan er deuren open, letterlijk en figuurlijLuier verschonen en in badje, wat een pret. Oh, wat heb jij een mooie, blote buik, ik zoem en ik knor, jij lacht en ik smaksmakssSMAK. Je trappelt met je beentjes van plezier en ik verzin vrolijke geluiden

tatatatralala Eva Eva hopsasa

kierekiereeeeeeeeBOEM

snorrieknorrieKNORR

Dan is het tijd voor het badje: heerlijk sudderen in het warme water. Soms ben je moe, dan kleed ik je aan en leg je in de wieg of in het wipstoeltje. Vaak ben je opgewekt en blaak je van levenslust. Feest, dan mag ik voor je zingen. Als ik 'Schuitje varen, theetje drinken' zing word je rustig en soezelig. Soms zing ik over een elastiekje en die doet doink dOInkDΩINK. Dát vind je leuk, je zwaait met je armpjes. Tja, je kan nog niet praten, dus je praat met je lijf en met je ogen, met je glimlach en je eerste brabbelgeluidjes.

Soms zing ik een grotemensenlied, bijvoorbeeld 'OsewiesewOsewiesewalla, kristalla, kristOse, wiesewOse, wiesewieswieswieswies'.
Dan ga je heel stil met grote ogen kijken.

Liggen, zitten, kruipen, lopen.
Glimlachen, spartelen, brabbelen, praten. Stapperdestap naar het park. Boterbloemen plukken, spinnenwebben kijken, beukennootjes rapen, eendjes voeren, kijken naar die hoge, hoge bomen met grote, grote groene, groene kruinen, steeds weer zoeken naar de verscholen rare, scheve bomen die pal boven het water hangen, spelen in de speeltuin, zandtaartjes bakken, en dan nog één keer van de glijbaan, Eva, en dan gaan we naar huis.

Eva, je ging jong op ballet en ik mocht op de eindejaar voorstellingen komen.

Je had er zichtbaar plezier in en straalde op toneel. Wat ik al niet zag:

dartelende konijntjes, wuivende madeliefjes, lieftallige elfjes en dansende prinsesjes. Toen, ineens, je was een jaar of dertien, bleek het tij gekeerd. Wat zag ik: stoere meiden in moonboots die swingen op popmuziek!

Ik heb genoten. Prachtig.

Nu.

Eva, je kreeg drie broers en een zusje. Je ouders wilden een groot, warm en bruisend gezin. Je jongste zusje zit nu sinds kort op de middelbare school.

Na zoveel jaar ben ik nu geen oppas meer. Nu is niet toen. Ik ben gewend aan mijn kwaal en leef tevreden.

Toch, in moeilijke tijden was de zorg voor jou, je broers en je zusje een stimulans voor mij om het allerbeste van mij aan de jonge, afhankelijke mens te geven. Ik was oppas voor een dag in de week. Ik bewonder ouders die hun kroost zeven etmalen in de week verzorgen. Dat zou ik-met-kwaal niet kunnen.

Ik moet wennen aan een leven zonder oppaskinderen. Maaar, we blijven elkaar ontmoeten!

Eva, je was mijn eerste oppaskind.
Een wolk van een baby.
Een zonnekind.
Een geschenk uit de hemel.

Na de middelbare school ging je studeren in een andere stad. Ik zoek contact met jou. Wat bleek, verrassing, echt een verrassing, jij zoekt ook contact met mij! Telefoon, mail, sms, vakantiekaarten, af en toe een ontmoeting.
Van oppasbaby naar jonge vriendin. Wat een rijkdom!

Eva, ik hou van jou en ik hoop dat onze vriendschap nog lang mag duren.

We bellen, mailen, sms-en, schrijven en we ontmoeten elkaar. Fijn!

Zoenen en knuffel, Adolphine

10 februari

Lieve Finelli,

Hier zit ik nu: sanatoriëren in een appartementje op een eiland. Alleen. Meestal gaat 't wel, soms gaat 't goed, vandaag gaat 't slecht. Ik kan mijn draai niet vinden. Wát ik ook doe, ik ga me niet een beetje beter voelen.

Boek lezen. Ik hou mijn aandacht er niet bij. Er is een en al onrust in mijn kop. Gedachteflarden gaan van niks naar nergens.

Dan een vrouwentijdschrift. Mode, huis en tuin, de nieuwste anti-rimpelcreme, relatie-problemen, nog meer mode, nu tassen en schoenen. Zo'n tijdschrift geeft soms een verwengevoel. Nu gaapt er een afgrond tussen de mooie buitenwereld en mijn verwarde binnenwereld. Kop op, Finelli, verzin een list.

Thee zetten, dat is een positief idee. Ik loop naar de kraan en stoot mijn voet. Au! Ik doe water in de waterkoker. Sufferd, teveel water, ik knoei, pak een doekje en droog op. De waterkoker borrelt. Ik giet heet water in de glazen theepot. Theezakje erbij. Laten trekken. Ik schenk thee in het theeglas. VERDOMME. Ik knoei en krijg gloeiend hete thee over mijn linkervingers. Ik hol meteen naar de koude kraan en laat koud water over de verbrande vingers stromen.

Moedeloos zak ik in de leunstoel.

Ik kén dit. Kip-zonder-kop noem ik dit. Gestoorde motoriek en gestoorde geest. Ik kan wel normaal denken, ik bedoel, ik zie geen spoken, maar steeds knettert er iets in geest en/of lichaam. Dan ben ik de gedachte kwijt of ik laat iets uit mijn handen vallen.
Wat doe ik hier bij de koelkast? Ik weet het niet meer. Ik loop naar de woonkamer en 'oh ja, zus en zo in de koelkast'.
Ik ga naar de slaapkamer om de ramen open te zetten, kom terug in de woonkamer met een vestje, ik plof in de leunstoel en dan schiet 't me te binnen 'oh ja, de ramen'.
Zo gaat 't de hele dag op zo'n kip-zonder-kop dag.

Langzaam word ik een hoopje ellende. Help, wat kan ik doen? Boek werkt niet, geen concentratie. Tijdschrift werkt niet, de afgrond. Televisie. Geen zin in. Wacht, misschien is er een natuurfilm of een documentaire. Ik kijk: nee. Muziek. Ik kan niet luisteren, want mijn ziel zit op slot. Lopen of fietsen? Dan moet ik naar buiten. Gedoe. Op bed gaan liggen. Ja, ik ga op bed liggen. Aangekleed ga ik onder het dekbed liggen. 't Is aan het begin van de middag en de kans op wat slaap en vergetelheid is vrijwel nul. Ik sudder in het schemerduister onder het dekbed, ik probeer er níet te zijn. Ik suf en ik suf en ik suf en tóch ben ik er.

Dan begin ik met tellen Ik heb ontelbare keren geteld. Stug doorgaan met tellen breekt gedachten af (en zo houd ik de spoken buiten de deur). Ik tel zelden in mijn moedertaal, want dat kan ik zó automatisch, dat ik naast het tellen toch kan doordenken. Ik tel tot honderd en ik probeer mijzelf in een marscadans te brengen. Voor het slapen gaan helpt 't tellen mij om in slaap te komen. 't Is middag. Bedrust en tellen bieden geen soelaas.

Wat ik ook gedaan heb, níets deed me een beetje beter voelen. Dan zit er niets anders op, schop onder de kont en naar buiten.

ERUITTT

Fietsen? Geen duinen en geen strand en al helemáál geen kwelders.

Lopen? In het dorp. Dat geeft een veilig gevoel. Als ik de 'buitenwijken' meeneem kan ik zeker een uur lopen. Lopen. Dan begeef ik me in de openbaarheid en ik ben zo'n vrouw die er dan basaal goed uit wil zien. Huppatee, een beetje opdoffen. Dan voorwaarts naar buiten.

Stapperdestapperdestap. Dat is wandelen. Adolphine, ga stevig lopen, in cadans, maak met je voeten bewust bodemcontact en kijk niet om je heen. Er is werk aan de winkel!

Stáppe stáppe stáppe stáppe stáppe stáppe stáppe stáppe stáppe stáppe

Ene twéeje dríeje víere víjve zésse zéven áchte négen tíene éne twéeje

Ik ben hard aan het werk om het hoofd boven water te houden. Aan de buitenkant ziet 't er heel gewoon uit. Niemand ziet dat ik energie peur uit mijn tenen en mijn voeten.

Stáppe stáppe stáppe stáppe stáppe stáppe stáppe stáppe stáppe stáppe

Ik denk er zelf verzonnen mantra's of krachtige woorden of oneliners bij:

Bódem cóntact bódem cóntact bódem cóntact bódem cóntact bódem

Stérke áarde stérke áarde stérke áarde stérke áarde stérke áarde stérke

Géef mij krácht géef mij krácht géef mij krácht géef mij krácht

Soms voel ik de aardse energie in mij omhoog kruipen. Dan wordt mijn hoofd langzaam - stáppe stáppe – helder. Nu dwaalt mijn aandacht af. Ik hou het niet vol, deze soldateske dril. Ik kijk om me heen. Straat, stoep, voortuinen, lage huizen.
Mooie voordeur. Grote vaas voor het raam.
Brede groenstrook. Veel kale bomen. Struiken. Allemaal verschillende tuinhekjes.
Sneeuwklokjes, winterviolen, de eerste krokussen en zelfs een paar narcissen.
Wat zie ik daar?
Dat kán niet, 't is februari! Het kan niet zo zijn dat ik zie wat ik zie.
Ik zie een tulp!
De tulp is nog niet ontloken, maar ik kan zien dat het een gele tulp gaat worden.
Een tulp in februari, dat is een speling van de natuur, of een klein wonder, of allebei.
Het is ongelofelijk, een tulp in februari!
Wonderlijk. Zo mooi. Ik ben opgetogen.

Weet je wat? Dit ga ik vieren. Thuis is de thee mislukt. Ik ga het weer goed maken met mezelf. Ik ga thee drinken in het eet- en stamcafé. Dan laat ik me heerlijk bedienen. Ik zeg gewoon: 'Eén thee, alstublieft' en na een tijdje brengen ze een kop heerlijke, hete thee mét een koekje, zo kant en klaar, hoef ik níets voor te doen.

Fantastisch.
Eerst die tulp.
Of, nee, éérst lopen en toen die tulp. Zo, nu ga ik thee drinken, wat een heerlijk vooruitzicht, ik verheug mij, gaaf! En vanavond ga ik iets leuks doen.
Maar nu eerst: thee.

Heel veel liefs, Adolphine

13 februari

Adolphine,

Sinds mijn tienerjaren denk ik na over de grote vragen. Leven, ontdekken, ervaren, denken, zoeken, struikelen, ontdekken, vinden, gevonden worden.

Dit verhaal heeft mij na vele jaren gevonden.

Hier zit ik , in een vreemde stad in een vreemd land: India. Ik zit op een marktplein tezamen met andere werkzoekenden. Voor mij staat een symbool, een houtschaaf. Ze weten de werkgevers dat ik een timmerman ben en werk zoek. Ik ben geen meestertimmerman, maar in die twaalf jaar heb ik zoveel geleerd van mijn vader dat ik toch een goed vakman ben.

De geldbuidel van mijn goede vriend Josef raakt leeg. Ik bid om werk. ’t Is warm en stil vandaag. Werkgevers blijven weg. Ik heb alle tijd om terug te denken aan die roerige tijden voor, tijdens en na Pasen.

Zonder de toegewijde steun van Josef van Arimatea zat ik hier niet. Sterker nog, dan leefde ik niet meer.

Ik hing vele uren aan het kruis, leed ondraaglijke pijnen, het volk siste en gorgelde, mijn ziel verlangde naar God, ik schreeuwde om Zijn hulp, maar Hij liet me in de steek.

Zo dacht ik.

En toen gaf ik de geest. Ik raakte buiten bewustzijn en wat er toen gebeurd is, is me later verteld.

Ik weet nog heeel goed dat ik in het stikdonker bij kennis kwam. Ik kon geen vin verroeren, want ik was helemaal in doeken gewikkeld. Wel kon ik mijn hoofd en nek voorzichtig een beetje bewegen.

'Waar ben ik?' Ik kon niet helder denken. Ineens drong tot me door: ik leef! Toen raakte ik bijna in paniek: straks gaan ze me levend begraven!

Om mijn geest rustig te krijgen ging ik mijn hele geslachtsregister ritmisch opsommen: vanaf Abraham tot David tot de Babylonische ballingschap tot Jozef en Maria. Toen werd ik rustig en viel ik in slaap. Ik werd wakker van een rollend geknars en hoorde gefluister. Het was nog donker. Een luchtstroom werd voelbaar, ik werd opgetild en op een draagbaar gelegd. Eén van de mannen fluisterde in mijn oor: 'Wij zijn hier in opdracht van Josef van Arimatea'.

De ochtend begon te gloren toen we aankwamen bij het huis van Josef. Hij was stomverbaasd toen hij zag dat ik bij bewustzijn was, dat ik lééfde. Hij liet mijn wonden goed verzorgen en week niet van mijn zijde.

Zo vertelde hij over zijn verzoek aan Pilatus, de kruisafname, Nikodemus, de grafkamer en de ontvoering naar zijn huis.

Ook kwamen wij samen tot de conclusie: een kruisiging overleven is een Godswonder.

Toen volgde de hamvraag: wat nu?

Hij is overleden aan het kruis, hij is dood, niemand. Langzaam groeide het besef dat hij zich in het openbaar niet meer kan vertonen. Zijn rol is uitgespeeld. Wel gaat hij nog een paar maar om met zijn dierbaren en natuurlijk met zijn volgelingen.

Hij komt tot het inzicht dat hij moet emigreren. Egypte en Babylonië vallen af in verband met de ballingschap van zijn voorouders, China is ver weg en heeft een andere geestelijke cultuur. Blijft over de Indusvallei, India.

Josef geeft hem geld voor de reis en om de begintijd door te komen. Ze hebben samen heel goed nagedacht over de woordkeus en de boodschap aan zijn volgelingen: 'Hij is voor eeuwig vertrokken'.

Hier zit ik in een vreemde stad in een vreemd land. In mijn 'vorige' leven was ik een geestelijk leidsman en een vrijdenker en dat beviel de autoriteiten niet. Ik viel in ongenade.

In mijn nieuwe leven ben ik een werkzoekende timmerman. Da's wennen, maar biedt ook vergezichten.

Wie weet ontmoet ik een lieve vrouw?

Wie weet krijgen we kinderen?

Nu eerst: werk en eten.

Dit verhaal heeft mij na vele jaren gevonden. Een kruisiging overleven vind ik

kennis over leven en dood, schijnendood, coma, buiten bewustzijn, én weer

bijkomen uit coma, bewusteloosheid en andere geestesgesteldheden van de lévende mens.

De verhalen in de bijbel zijn en blijven voor mij een bron van spirituele wijsheid.
Ik ben ontvankelijk voor wonderen.
De wonderen zijn de wereld nog niet uit.

Adolphine

Carnival Freedom
Lady Paola
3 GE 0524 D

15 februari

Lieve Lodewijk,

Jij komt!

Naar mij!

Dan zijn wij samen!

In het begin heb ik je niet gemist. Er was zoveel onrust in mijn hoofd, er waren zoveel nieuwigheden op het eiland.

Ik ben hier alleen op het eiland om te herstellen. Dat voelt goed. Soms voel ik me allenig. Dat voelt niet goed. Ik mis je. Ik mis je nabijheid, je liefde, de warmte tussen ons in het dagelijkse bestaan.

Meestal voel ik onze verbondenheid. Ook al is er afstand, we horen bij elkaar, we houden van elkaar, al vele jaren, en die afstand verandert onze liefde en verbondenheid níet.

Ik sluit mijn ogen en denk aan ons: Lodewijk & Adolphine. Zo bijzonder. Samen thee drinken – ook al zeggen we geen woord – creëert een onzichtbare wolk van verbondenheid, er hangt een zachte glimlach in de lucht en straatgeluiden lijken zomaar op te lossen.

Samen. Nog nooit zijn we zo lang níet samen geweest. Gelukkig bellen we regelmatig. Maar nu, lief Lotje, je komt!

Vrijdagmiddag wacht ik op de veerboot. Hij meert aan, de passagiers gaan aan wal en dan dan dan ZIE IK JOU !

Fantastisch. Ik zie bijna niets, een half hoofd in de menigte, en heel mijn lichaam & geest begint te tintelen, kriebelen, dartelen, gonzen, bruisen. Daar komt Lodewijk, mijn lief, mijn man.

Oh, ik verlang naar jou, elke vezel in mij verlangt naar jou. Het is pas maandag en je komt vrijdagmiddag, da's nog vier nachten alleen slapen, da's nog 100 uren leven totdat jij komt.

Honderd uren.

100 uren verlangen, maar ook 100 uren om mijn verlangen vorm te geven. Ik wil mooi zijn. Voor jou, voor mij, voor ons. Ik wil blij zijn. Voor jou, voor mij, voor ons. Dan is er werk aan de winkel.

Nog maar 100 uren totdat jij komt.
De afgelopen tijd heb ik mijzelf normaal verzorgd. Wassen, tanden poetsen, gezichtscrème, haarverzorging, schone kleren, lippenstift.

Nu wil ik me van top tot en met teen mooi voelen en dat vraagt een optimale verzorging. Ik bedenk een 7-stappen-plan. Nee, het geheim van de smid ga ik niet verklappen. Wel dít. Na zo'n onderhouds- en verwentraject vóel ik me mooi en dat strááál ik uit.

Dit is nog maar het begin. Ik ga op zoek naar nieuwe kleren en lingerie. Ik hoef geen nieuwe garderobe, maar wie weet een feestelijke rok of bloes én iets leuks eronder. Ik heb helemaal niet gelet op dit soort winkels op het eiland. Misschien moet ik wel naar het vasteland. Aan de slag!

Dan het appartement. Dat ga ik opruimen en mooi maken met bloemen en kaarsen. De slaapkamer is een probleem. Voor mijzelf in mijn eentje vind ik 't niet erg, maar die felle 100 Watt lamp is zo ongenadig. Weet je wat, ik koop een 40 Watt flame gloeilamp. Ah, zacht sfeerlicht in de slaapkamer, dát is een idee.

Ik vraag de eigenaars of ze ook gekleurde dekbedhoezen hebben in plaats van dit lichtblauw dat zo kaal en onwelkom overkomt.

Nu ineens zie ik dit allemaal. De woonkamer is wel gezellig, maar de slaapkamer is intens sfeerloos. Dat moet veranderen. Dat je binnenkomt en spontaan denkt: DOEN WE !

Nog maar 100 uren en dan komt Lodewijk.

Ik zie hem voor me, ik heb geen foto nodig, zijn wezen is in mij.

Dan zien we elkaar. We kijken. We kussen. Zoals altijd zullen we hand-in-hand lopen. Dat is een zacht knapperend-haardvuur-feestje. We nemen een taxi naar het appartement. Achterin de taxi strijden intimiteit en oplaaiend haardvuur om voorrang. We zijn vele jaren samen. We hebben elkaar vijf weken niet gezien. Ik denk: eerst komt de ontmoeting der geesten. De reis, het leven thuis, werk, rondje dierbaren. Mijn tijdelijke thuis en het eiland, werk, mijn kwaal is mijn werk, bezigheden, nieuwe kennissen.

Ik heb een tafel gereserveerd in een stijlvol restaurant. Hier komen weinig eilanders.

Jij & ik, Lodewijk & Adolphine.

We zijn al zo lang samen.

Ik vind het zo fijn dat je er bent, dat we weer samen zijn, dat we nu een hapje eten, we houden van lekker eten, je voert me een garnaal om te proeven, hmm, ik vind de wijn héérlijk, je vertelt en ik kijk en luister en kijk en luister naar jou, dan hou je even mijn hand vast, gelukkig staan er echte kaarsen op tafel, wij houden van levende lichtjes, thuis zijn er zomer en winter levende lichtjes, er valt een stilte

dat vind ik zo dierbaar, wij kunnen praten maar ook zwijgen.

Dan een knikje. We begrijpen elkaar. Vijf minuten later zijn we buiten. We lopen hand-in-hand door het dorp. 't Is februari. Stil. Zwaailicht van de vuurtoren. Onze voetstappen klinken in de stille nacht. Thuis. We komen binnen en denken spontaan: DOEN WE!

zien, horen, proeven, ruiken, voelen, aanraken, ontdekken, ervaren, léven, elkaars geheimenis beminnen

dit ben JIJ en dit ben IK: WIJ

samen apart en samen ineen: WIJ

het hele universum is alleen maar WIJ

Liefste Lodewijk,

Je komt!
Naar mij!
Dan zijn wij samen!
Nog 100 uren mag ik naar je verlangen.

Heel veel liefs van je geliefde Adolphine

23 februari

Lieve Dirkje,

Een brief van je zus. Ik ben nu zes weken op dit rustige Waddeneiland en ik voel me stukken beter: geestelijk helder en lichamelijk sterker. Dat wil zeggen: meestal. Nú ben ik een beetje uit mijn evenwicht, want Lodewijk is gisteren vertrokken na een kort verblijf van drie dagen. Vertrouwd samen, maar ook sprankelend beginnerselan: tintelend, dansend, stromend.

Nu ben ik weer alleen en ik voel me allenig. Ik begon net te wennen aan het alleen-zijn. Ineens voel ik het hevige verlangen om naar huis te gaan en dat omvat zo veel. Lodewijk en oud vertrouwde dierbaren ontmoeten, mijn zusje Dirkje natuurlijk weer zien, wonen in je eigen appartement, wonen in de stad, naar concerten gaan en oh zo veel meer.

Dit schrijvende denk ik aan het concert waar ik in december níet naartoe ben gegaan: Ceremony of carols van de componist B.Britten. Ik vind het kamerkoor waarin je zingt echt goed, én ik hou van Britten, én van jou. Ik kon echt niet komen. Je weet het.
Ik zoek liever zelf een herstellingsoord uit. Zou ik doormodderen dan zou ik later zo gek als een deur naar een psychiatrisch ziekenhuis moeten. Mijn vaste psychiater heeft aangeboden me elke week te bellen op het eiland. Dat heeft ze ook gedaan, ik ben haar dankbaar.

Al een hele tijd ging het niet goed met me. Zei mijn psychiater: 'Prikkelreductie zou goed voor u zijn.' 'Hoe bedoelt u?' Ze gaf uitleg en noemde enkele sanatoria en herstellingsoorden aan zee en in de bossen. Mooi niet! Voor mij geen kale, kleine kamer in een onpersoonlijke omgeving!

Nu is dit kleine eiland mijn herstellingsoord. Ik woon in een vriendelijk mini-appartementje, ik heb enkele vaste bezigheden en ik ken nu een paar mensen die ik zie in het eet- en stamcafé. Daar kom ik een paar maal in de week voor een smakelijke dagschotel. Tot slot ga ik dan koffie drinken aan de bar.

'Is deze kruk vrij?' Knikje. Ik drink koffie en kijk vriendelijk en open om me heen. 'U bent niet van het eiland, dat kun je zo zien.' 'Nee, ik woon hier nu zes weken om uit te rusten. En ik schrijf brieven. Trouwens, u bent wél van het eiland, dat kan ik zo zien.' 'Oh ja?' 'Ja. Ach, waarschijnlijk heeft u een huis en een vrouw en een kind en een huisdier. Waar ik nu nieuwsgierig naar ben, is wat u leuk vindt om te doen.' 'Wat ik leuk vind om te doen? Hoe bedoelt u?'

'Nou, gewoon: tuinieren, postzegels verzamelen, zingen, bridgen, maakt niet uit, gewoon, wat je doet omdat je 't leuk vindt.' 'Oh zo! Uh, ik doe al sinds jaar en dag aan toneel. Dit eiland telt één toneelvereniging met de welluidende naam 'De Toneelschuur' .

Nou, Dirkje, dan vraag ik wat door over toneelstukken en zijn rollen en we hebben een levendig vraaggesprek. We drinken allebei een Beerenburger, dat verbroedert. Dan vertrek ik tevreden naar huis.
Thuis begint 't te knagen. Nu Lodewijk geweest is, mis ik ineens enorm mijn dierbaren, familie en vrienden.

Wederzijdse belangstelling, daar gaat 't om.
Wie ben je? Wat doe je? Wat vind je? Wat voel je?

Vakantieverhalen, de aanschaf van een nieuwe auto, andere baan, de hond is ziek, boeiende film, prachtig concert, mooi, die jurk staat je goed, heerlijk die stoofschotel, je kunt lekker koken. Hartelijk, gezellig, verwarmend, omarmend.

Soms ook. 'Mama wordt echt oud. Ze vergeet om de haverklap … Er moet écht iets gebeuren! ' 'Ja, zorgelijk, 't kan zo niet meer.'

Of ook. 'Adolphine, mag ik je iets in vertrouwen vertellen?' 'Dat mag, maar je moet wel weten dat ik al eens mijn mond voorbij gepraat heb, dus ik ben niet helemaal betrouwbaar.'

Ook wel. 'Mag ik iets vertellen over het eiland?' 'Ja, natuurlijk!' 'Nou, die rust op het eiland was heel goed voor mij, maar soms leek het wel of de verwarring dubbel hard aankwam. Toen ging ik – stappe stappe – lopen en toen …'

Hè, Dirkje, als ik dit zo opschrijf dan mis ik je. Vertrouwd en gezellig, mijn zusje Dirkje. Er zijn voor elkaar, naast elkaar, met elkaar.
Ik ga de komende weken nauwgezet werken aan deel twee van mijn herstel. Dan kan ik eerder naar huis, hoezee! Mijn gezonde verstand zegt mij dat ik meer en gedisciplineerd moet bewegen, vooral vaker lopen.

Dirkje, grote zus, bij bent de mater familias. Wil je de familie mijn groeten overbrengen? Vergeet broer Anton niet! En papa!
Papa heb ik een brief geschreven en het idee is geboren om een dag met z'n vieren – papa, Anton, jij en ik – met de auto (en een lichtgewicht rolstoel) naar Den Bosch te gaan. In de lente, april of mei? Wat vind je van dit idee? Een brief is een egodocument. Straks hoor ik graag al je verhalen. JA!

Liefs van je zus Adolphine

24 februari

Dag Rob,

Attent! Wat aardig! Gisteren vond ik 'Voorwaarts' in mijn brievenbus. Meteen bracht dit het gewone thuisleven dichterbij. Ik heb ons clubblad met belangstelling gelezen. Leuk, dat vraaggesprek met het oudste verenigingslid: 82 jaar en nog zo vitaal! Dat willen we straks allemaal.

Het gaat met mij de goede kant op. Ik hoop medio maart naar huis te gaan en in mei, denk ik, ben ik weer van de partij. Ik bel je tevoren op, want natuurlijk zorg ík dan voor de lunch. Ik begin me al een beetje te verheugen.

Uiteraard wandel ik hier ook, maar in mijn eentje wandelen is totaal iets anders dan een halve dagtocht lopen met leuke en enthousiaste wandelaars. De gezamenlijke lunch vind ik altijd een gezellige bonus.

Voor het clubblad heb ik nog een tip voor de rubriek 'weekendarrangementen'.

Klein eiland, grotendeels natuurreservaat. Tocht door kwelders uniek, wandelingen langs strand en door bos en duin. Goede veerbootverbindingen. Logies: gevarieerd aanbod. Rust en stilte in laagseizoen.

Rob, nogmaals bedankt voor 'Voorwaarts'. Ik wens alle leden van onze zaterdagclub – jou en Bart, Henk, Peter, Joke, Gerda en Emmy – veel wandel & plezier.

Hartelijke groeten en tot ziens, Adolphine

24 februari

Dag Ineke,

Een groet uit het verre noorden.

Eind december liet ik het buurthuis plotsklaps in de steek. Het spijt me, mijn gezondheid was zorgelijk en ik moest kiezen voor rust. Ik hoop dat jullie een andere vrijwilliger hebben kunnen contracteren voor de Nederlandse taalles aan buitenlanders.

Ik hoop medio maart weer naar huis te gaan. Voor de zomer zal ik contact met je opnemen voor hervatting van mijn taallessen na de zomer.

Wil je mijn hartelijke groeten overbrengen aan: Fatima, Hava, Kesban en Safure?!

Met vriendelijke groet,   Adolphine

24 februari

Hallo Joop en Heleen,

Een levensteken van jullie buurvrouw! Het gaat steeds beter met mij hier op dit rustige, mooie en vriendelijke eiland. Ik verlang wel naar de stad, maar voorlopig is rust-reinheid-regelmaat heilzaam voor mij.

Laatst dacht ik aan jullie en ineens schoot me te binnen dat jullie dit voorjaar renovatieplannen hebben. Ik wens jullie voorspoed én optimisme (er zijn altijd tegenvallers).

Aarzel niet om bij Lodewijk aan te bellen. Hij heeft veel gereedschap waaronder een sterke betonboor. Jullie kunnen met een gerust hart een en ander lenen!

Na mijn thuiskomst komen wij bewonderen!

Hartelijke groeten,   Adolphine

25 februari

Geachte

Borís en Anna, Mamadou, Marie, Mohammed, Yao Tong en Li Chun, Roberto, Susan, Saídjah en Adinda, Angela, Pryanka,

Ik heet Adolphine en ik woon in Nederland. Ik heb veel tijd om na te denken en ik denk aan u. Ik ken u niet. U kent mij ook niet.

Ik ken ongeveer 100 mensen: familie, vrienden en kennissen. Die andere zeven miljard mensen ken ik niet, u ken ik ook niet.

Toch zijn we met elkaar verbonden. Al is het maar omdat we allemaal mens zijn, we zijn van hetzelfde genre. Ik koester achting voor u.

Waarom schrijf ik u een brief? Ik heb u nodig. Niet alle zeven miljard tegelijkertijd, maar toch. Ik heb u veel harder nodig dan ik meestal besef.

Soms denk ik verder dan het zichtbare.
Ik koop in de supermarkt een brood. Een boer en boerin bewerken landbouwgrond en zaaien in. Zij oogsten tarwe. De tarwe wordt verzameld, gesorteerd en per vrachtauto vervoerd naar een haven. Havenarbeiders takelen de container met tarwe op het schip. Een kapitein en zeelieden varen het schip naar Nederland. De container wordt op een vrachtauto gehesen. De chauffeur brengt de container met tarwe naar een fabrieksbakkerij waar bakkers vele broden bakken. Vrachtwagenchauffeurs brengen de broden naar meerdere supermarkten. Vakkenvullers leggen de broden in manden en ik betaal bij de kassamedewerker 1.99 euro voor een brood.

Heel veel onbekende, onzichtbare mensen hebben gewerkt voor mijn dagelijkse brood.

Borís en Anna, misschien bent u boer en boerin in de Oekraïne en bent u de grondleggers voor mijn brood?

Ik heb u nodig. U heeft mij ook nodig, want zonder klanten blijft u zitten met uw prachtige tarwe.

Een tijdje geleden was ik in Amsterdam op een gezellige markt. Bij een marktkraam met Afrikaanse houten beeldjes stond ik stil. Ik kocht een klein beeldje en kreeg levendige uitleg: het was gemaakt in Mali in een

kunstnijverheidsatelier.
Die vriendelijke man, was u dat, Mamadou?

In Parijs zocht ik mooi briefpapier. Het was rustig in de grote winkel en een aardige vrouw wees mij de hoek met schrijfpapier én gaf me uitleg over de verschillende kwaliteiten.
Was u dat, Marie?

Ik was in de bibliotheek in mijn stad. Een man zocht een boek, maar hij sprak niet zo goed Nederlands. We kwamen eruit en hij vond het boek.
Was u dat, Mohammed?

In het winkelcentrum bij mij in de buurt is een kantoorboekhandel waar ik regelmatig kom. Daar werkt een Nederlands echtpaar dat onderling Chinees spreekt.
Bent u dat, Yao Tong en Li Chun?

We zijn met zeven miljard mensen. Al die zeven miljard mensen- minus mijn 100 bekenden – doen iets voor zichzelf en voor elkaar en indirect ook voor mij. Dat merk ik niet of nauwelijks. Toch is het zo. Daarom is de onzichtbare mens belangrijk en koester ik achting voor u.

Geachte Mamadou,

Ik liep op de markt in Amsterdam en zag eerst de kraam met mooie Afrikaanse beeldjes. Pas daarna zag ik u. U had een pikzwarte huid. Zo zwart had ik nog nooit gezien. Eerlijk gezegd moest ik stilletjes wennen, maar na ons gesprekje over het Malinese beeldje was ik klaar met wennen en was u gewoon een aardige marktkoopman.
Het beeldje heeft thuis een mooie plek gekregen en ik geniet er elke dag van.

Geachte Roberto,

Van Amnesty International heb ik uw adres gekregen. U verblijft al jarenlang in de gevangenis. Met reden. Maar ook een mens-met-fout is en blijft een mens.
We schrijven elkaar kaarten en briefjes. Zo weet ik dat van die uitgeleende handdoek. Uw maat heeft helemaal niets, zelfs geen handdoek en toen heeft u uw handdoek uitgeleend. Zo kon hij toch sporten.

Ik leer van u over het gevangenisleven en ik vertel u over het leven in Nederland. Binnenkort stuur ik u een paar foto's over het voorjaar: koeien in de wei, narcissen, kinderen in de speeltuin, broedende eenden en groenende struiken.
Na uw gevangenschap biedt het leven nieuwe kansen. Hou vol!

Geachte Mohammed,

U stond naast mij in de bibliotheek voor de kast 'wereldgodsdiensten'. Een rijzige gestalte in een hele mooie kaftan. Heel anders dan de kaftans die ik op de markt zie. U spreekt mij aan, want u zoekt een boek over de islam. Alras spreken wij Nederlands en Engels en Frans door elkaar. Dan begrijp ik u, voorzichtig trek ik aan uw kaftan en we lopen naar de computer. U typt auteur en titel en het boek blijkt in een andere kast te staan. Gevonden!

Geachte Susan,

U heeft een gevallen fietser met uw auto naar het ziekenhuis gebracht. Daardoor kwam u te laat op uw werkvergadering. Mooi! Goed voorbeeld doet goed volgen.

Geachte Saídjah,

U schrijft prachtige gedichten voor uw geliefde Adinda. Met belangstelling wacht ik op de publicatie van uw gedichten die mijn hart verwarmen. Ik verheug me nu al op uw poëziedebuut.

Geachte Angela,

Vroeger liep ik met een boogje om daklozen heen. Ze zagen er onverzorgd uit, hadden een winkelwagentje vol met plastic zakken en vroegen vaak om geld. Ik begreep er geen mallemoer van, maar één ding was me duidelijk: deze mensen waren ánders.
Op een dag, lang geleden, las ik een reportage over daklozen. Een journalist was een half jaar gaan leven zonder huis en zonder geld. Zo las ik in die reportage dat veel daklozen voorheen een gewoon leven hadden geleid, maar door een persoonlijke ramp in de misère terecht waren gekomen. Ze verloren alle hoop op een betere toekomst en werden dakloos.

Sinds die reportage zijn daklozen voor mij respectabele medemensen. Af en toe maak ik een praatje of geef ik geld.

En jij, Angela, bent vaak in mijn naburig winkelcentrum. We maken een praatje en wat ik zo bijzonder vind, dat is jouw prachtige glimlach!

Geachte

Borís en Anna, Mamadou, Marie, Mohammed, Yao Tong en Li Chun, Roberto, Susan, Saídjah en Adinda, Angela, Pryanka,

We kennen elkaar niet. Toch zijn we met elkaar verbonden. We hebben elkaar nodig.

Zonder Borís en Anna geen brood,
Zonder Mamadou geen Afrikaans beeldje,
Zonder Marie geen mooi briefpapier,
Zonder Adolphine geen boek voor Mohammed,
Zonder Yao Tong en Li Chun geen kantoorartikelen,
Zonder Roberto geen binnenkijk op het gevangenisleven,
Zonder Susan geen vervoer naar het ziekenhuis,
Zonder Saïdjah geen gedichten voor Adinda,
De dakloze Angela schenkt mij een glimlach, en
Prijanka bouwt steen voor steen.

Ik ben blij dat jullie bestaan.
Ik wens jullie het allerbeste.

Hartelijke groeten van Adolphine

26 februari

Lieve Virginia,

Een brief van jou ontvangen vind ik nog steeds heel bijzonder. Je bent al vele jaren mijn enige schrijfvriendin. Heel soms, zo eens in de paar jaar, ontmoeten wij elkaar. We bellen niet, we mailen niet, we schrijven elkaar brieven en we schrijven elkaar beknopte brieven op een mooie kaart. Die korte kaartbrieven noemen we levenstekens.

We delen veel interesses, maar onze gemeenschappelijke noemer is dat we allebei een kwaal hebben die diepgaand ons leven beïnvloedt. Simpel gezegd: we kunnen minder dan gezonde mensen. Dat is niet zo erg.

Moeilijk is de permanente strijd om kwaliteit van leven. Simpel gezegd: we moeten vechten om ons goed te voelen, steeds weer opnieuw.

Ik heb een beeld verzonnen over onze kwaal. In lijf&geest zijn vaak kwalijke dampen/wolken die Ziek en Moe maken. Die kwalijke bewolking varieert van onbewolkt, licht bewolkt, half bewolkt; daarna wordt het zeer zorgelijk en/of gevaarlijk.

Die kwalijke dampen verstoren zo'n beetje Alles:

thee zetten kan uitlopen op een debacle, lezen lukt nog nauwelijks, mensen ontmoeten kost te veel energie, het belastingformulier is een onneembare vesting, het geflits van televisiebeelden is zenuwslopend, veel geluiden worden ondraaglijk, enzovoorts.

Het is duidelijk: vrij van kwalijke dampen, onbewolkt dus, is het allermooist. Dan zijn er nog de gewone zorgen in het leven: je kind is ziek, het dak lekt, er is ruzie in de familie, er zijn geldzorgen, kortom, het normale bestaan.

Ons normale bestaan is zelden normaal.

Het komen en gaan van die kwalijke dampen kunnen we een beetje beïnvloeden met medicijnen en verstandige zorgmaatregelen. Verder zijn we aan de goden overgeleverd.

Soms is er rust in de tent. Zeg, licht bewolkt. Zomaar. Wat een geluk! Dan komt er weer zo'n kwalijke damp die het hele leven beïnvloedt, dagen, weken, soms maandenlang. Tja, steeds maar weer op bed gaan liggen is ook geen oplossing. Dan moet je iets verzinnen en dat is een gevecht.

Heb je geluk dan win je en dat betekent, ja, wínst: je voelt je beter. Dat betekent níet dat je je goed voelt, maar elk beetje vooruitgang is, ik zei het al, wínst. Soms of vaak begin je aan eén gevecht en dan heb je geen geluk, dan verlies je en dat betekent, ja, verlies, want je voelt je níet beter na al dat geploeter en gezwoeg, soms voel je je zelfs slechter.
Als je steeds maar weer verliest en verliest en verliest, dan en dan en dan?

Lieve Virginia,

Ik heb je brief wel gelezen. Natuurlijk! Eerst draai ik om de hete brij heen, maar nu zeg ik het maar: 'Lieve meid, ik kreeg tranen in mijn ogen toen ik je brief las.' Om te beginnen wil ik dit zeggen: 'Wat ben jij een gróóts mens!' Geen zelfbeklag, geen egocentrisme, geen zielig gekerm. Heb je nooit gedaan. Altijd helder en zuiver de waarheid onder ogen zien, de mooie waarheden, maar ook de pijnlijke, verdrietige, moeilijke en lelijke waarheden.

De pijnlijke waarheid is dat je niet meer zelfstandig kan wonen. Na een kwart eeuw wonen in een eigen appartement moet je nu een groot deel van je onafhankelijkheid opgeven en je woning verkopen. Je gaat inwonen bij je geliefde.

Ineens zie ik je eenzaamheid: buitenstaanders begrijpen er geen mallemoer van. 'Oh, prachtig toch, na 20 jaar LAT-relatie gaan ze eínd-e-lijk samenwonen. Eindelijk normáál. Alhoewel, het stadhuis, dát is normaal.

Ik ken je, ik weet hoe belangrijk zelfstandig wonen voor je is. In je brief vertel je alleen het meest basale. Logisch, want klagen, lamenteren, jeremiëren, dat doe je niet, maar ik voel achter je woorden je moegestreden strijd

Een vermoeiende fase is in gang gezet: de verkoop van je appartement, de voorbereiding voor de verhuizing, het afscheid van de spullen die je niet meeneemt, dan de verhuizing en de inrichting van je nieuwe 'studio'.

Dan ga je de nieuwe woon- en levensvorm ervaren.

Toen schreef je : 'OH HELP !'

Voor het eerst in al die jaren roep je om hulp. Deze noodkreet van jou ging me door merg en been.

Lieve Virginia,

Geen woorden, maar daden.

Je krijgt liefdevolle en daadkrachtige steun van je belangrijkste dierbaren. In daden kan ik je niet steunen, ik woon te ver weg.

Geen daden, maar woorden.

Ik zal niet dramatisch met je meeleven – acherme, de stakker. Van mij voor jou twee praktische adviezen.

Advies 1.

Elke grote onderneming kan in kleine stukjes opgedeeld worden.

Je hebt vast een lange lijst met activiteiten. Kies uit wat je morgen hoopt te doen, schrijf dit op een apart vel papier. De rest stop je diep in een lade en vergeet je tot overmorgen. Dan maak je een nieuwe lijst voor één dag.

Lief Virgje, echt doen hoor, anders word je moedeloos.

Advies 2.

Je gaat níet samenwonen met je geliefde, je huurt níet bij hem een kamer, nee, je betrekt een inpandig éénkamerappartement, een studio met tafel en stoelen, mini-keukenblokje, zitje en een divan/bed. Als het goed met je gaat, dan kun je heerlijk vaak bij hem op bezoek gaan en samen zijn. In tijden van 'zwaar weer' kun je je terugtrekken.

Je geliefde kent je al zo lang, hij houdt van je en wil graag dat het Goed met je gaat, Virginia, ik herhaal, hij wil graag dat het Goed met je gaat.

Lief Virgje,

Al vanaf je geboorte leef je met die kwalijke dampen. Bij mij kwamen ze vanaf eind twintig. We hebben er vaker over geschreven. Als je moegestreden niet meer kan strijden, dan begrijp ik jou, echt, dan begrijp ik jou en in vrede aanvaard ik je besluit.

oOH, ik zal je missen, Virginia, mijn enige en liefste schrijfvriendin, mijn zieletroost.

Lieve Virginia,

Je gaat verhuizen.
Houd moed.
Houd moed!
Ik vertrouw op mínder verlies en méér winst!
Ik wens je
een nieuw woningrijk
en kracht
en hier op aarde een nieuwe heerlijkheid.

Heel veel liefde, vertrouwen en troost

van Adolphine

27 februari

Lieve Jacoba-in-de-hemel,

Ik liep onlangs langs een schoenenetalage. Heel veel zwart, bruin en beige. In een hoek zag ik kleurrijke, elegante vrouwenschoenen: hemelsblauw, paars, roze, rood. Ineens denk ik aan je. De meest kleurrijke mens die ik ooit gekend heb heette Jacoba. Van binnen straalde je een koele warmte uit. Ik mocht steeds dichterbij komen en je warmte werd steeds behaaglijker.

Je had altijd opvallende kleren aan in sprekende, soms felle kleuren. Zo helemaal on-Hollands!

Dan komt je binnen. Vele hoofden draaien om. Ah, Jacoba! Ze draagt een dieppaarse japon met een beetje goudbrokaat. Paarse pumps mét een gouden biesje. Bijpassend een satijnen tasje en zwierig over de schouders een dunne voile sjaal. Kom je dichterbij (of zij komt dichterbij) dan zie je dat de details zoals nagellak en sieraden ook helemaal kloppen.

De meeste Nederlanders kleden zich ook op een feestje ingetogener. Maar Jacoba is Jacoba: opvallend, vanzelfsprekend, zichzelf.

Je was een tante van Lodewijk en meestal ontmoetten we elkaar op familiebijeenkomsten en verjaardagen. Je was dertig jaar ouder dan ik.

In mijn jongere jaren had ik het heel druk met groot worden. Na mijn veertigste wist ik zo'n beetje wie ik was en dat gaf ruimte in mijn geest.

Ineens dacht ik: 'Wie is tante Jacoba eigenlijk.' Op de volgende familiebijeenkomst raken we in een persoonlijk gesprek, jij vraagt of ik jou Jacoba wil noemen, we maken een afspraak om samen High Tea te gaan beleven in een mooi en klassiek hotel.

We werden vriendinnen: vrouw en vrouw in het nu, maar wel elk met een ander perspectief in tijd en ruimte.
Ik ga niet al onze belevenissen opschrijven. Eén gesprek kan ik me nog levendig herinneren. Jij vroeg naar Lodewijk & Adolphine. Ik zei dat ik een bofkont was en ben: we houden van elkaar én we passen bij elkaar.

‘En jij, Jacoba? Nu leef je alleen, is dat altijd zo geweest? Heb jij een grote liefde of misschien meerdere kleinere liefdes beleefd?’

Nog voor je antwoordde zág ik je veranderen. Met zachte, glanzende ogen vertelde je over je grote liefde, hoe sterk hij was en toch ook heel zachtmoedig, en attent en voorkomend, en zo volmaakt liefhebbend. Je voelde je in de zevende hemel.

Toen kwam de klap, je hemel stortte in, het moest stoppen. Hij was ook getrouwd.

Jacoba, ik luisterde met grote aandacht, knikte invoelend, maar mijn hart sloeg een paar maal over om je grote verdriet. Jouw liefdeshemel was weliswaar in een verder verleden ingestort, maar ik zag aan je licht trillende handen, dat de pijn nog onder de oppervlakte ligt.

Tóch vroeg ik nog: ‘En daarna, Jacoba?’ Je fluisterde omfloerst: ‘He was my one and only.’

Toen gingen we praten over koetjes en kalfjes.

Jacoba, als ik je mis, dan mis ik een dierbare vriendin, maar ik mis je ook om je perspectief. Hele gewone dingen.

Je hield van klassieke dans en je danste bij twee dansverenigingen; bij elk had je een vaste danspartner. Je danste tot na je tachtigste. De dansen waar jij over sprak waren bij jongere mensen onbekend of helemaal uít. Jonge(re) mensen willen los dansen, of salsa, of tango.

Het persoonlijk perspectief in de tijd ráákt me. De verhalen in geschiedenisboeken vertellen over een andere wereld in een onpersoonlijk verleden. Ook ík heb al een ouwe wieven-perspectief. Als ik jonge(re) mensen vertel dat ik de telefoon, de zwart-wit televisie, de kleurentelevisie, de computer en het mobieltje heb zien komen, dan kijken ze me glazig aan, jaja, oma vertelt.

Ik mis een ‘oma’ of ‘opa’.

Geen mensen die alleen nog maar in het verleden leven (vroeger was alles beter), maar oude mensen die in het nú leven én een lang persoonlijk leven hebben ervaren.

Hoe was het leven zonder een badkamer met warm en koud stromend water? Een leven zonder wasmachine, zonder auto?

Een leven met weinig of heel sober eten?
Een leven zonder vakantie?
Een leven zonder centrale verwarming?
Hoe was de communicatie zonder telefoon, zonder computer, zonder mobiel?
Verhalen over de kolenkachel. De kunst om het vuur op te poken en de kunst om 's nachts het vuur te laten smeulen.

Lieve Jacoba,

Tot na je tachtigste stond je energiek midden in het leven. Maar je vertelde wel over steeds maar weer opnieuw moeten inleveren. Je had geen auto, het reizen per openbaar vervoer ging steeds moeizamer. Ik zei nog: 'Jacoba, je hebt een goed pensioen, koop vrijheid en ga in je woonstad met de taxi. Je koopt vrijheid, luxe, gemak. Neem vaak een taxi en je leven blijft mobieler en leuker!' Je deed het niet. Ouderwetse zuinigheid.

Met veel inspanning bleef je dansen. Toen werd je ziek en raakte je in de war. Gelukkig duurde die laatste fase maar een half jaar. Een jarenlange nachtkaarsfase is je bespaard gebleven.

In het hospice mocht ik persoonlijk afscheid van je nemen. Ik maakte nog een grapje. 'Jacoba, als jij bij de hemelpoort komt, krijg je voorrang.' 'Oh ja?' 'Ja! Petrus ziet jou en zegt: zo'n knappe vrouw, die gaat rechtstreeks naar het paradijs!' Oh, wat heb je gelachen.

Vreugdevol is mijn herinnering aan jou: de meest kleurrijke vrouw die ik ooit gekend heb, mijn levenskrachtige, dansende en oudste vriendin.

Lieve Jacoba, zo af en toe denk ik aan je en mis ik je. Je was katholiek. In jouw geest bid ik een weesgegroetje.

Wees gegroet Jacoba

door Adolphine

28 februari

Dear Hannah,

Jij en je dochter Joan komen in de zomer naar Nederland. Joyful! Welcome!

Je ziet, je krijgt een brief i.p.v. een mail. Lodewijk belde me gisteren op en vertelde over je mail. Hij heeft je natuurlijk ingelicht over mijn gezondheid en mijn verblijf op het eiland. Maak je geen zorgen: het gaat goed met me en over twee weken ga ik weer naar huis.

Ik heb hier in mijn appartement geen pc en met mijn 'middeleeuwse' mobiel kan ik alleen bellen. Geen nood, ik neem ouderwets de pen ter hand en schrijf je een brief.

Jij en Joan komen eind juni naar Nederland. Leuk, gezellig, bijzonder, de eerste keer. Jullie zijn van harte welkom, wij verheugen ons!

Topprioriteit heeft de familiebijeenkomst bij ons in het appartement. Behalve Lodewijk en mij ontmoet je dan voor 't eerst je Nederlandse familie.

Je moeder emigreerde pas getrouwd naar de Verenigde Staten; ze kreeg een zoon en een dochter. Dát was je familie: vier mensen. Je vader is overleden, je broer heeft zich 'teruggetrokken', je bent gescheiden; blijft over nú je oude moeder, jijzelf en je twee kinderen.

Nietsvermoedend begon ik 17 jaar geleden aan een stamboomonderzoek. Je moeder is tante van Lodewijk en je bent een volle nicht van hem. Je reageerde enthousiast. Wat een ontdekking, je had een heleboel familie in het verre Nederland, dat gaf je een rijk gevoel.

Zowel Lodewijk als ik hebben een middelgrote familie. Met de meesten hebben we plezierig contact, maar de plicht speelt ook een rol. De verzuchtingen van tante Truus nemen we op de koop toe, vooruit dan maar, maar om nou te zeggen: 'familie, oh wat énig' , nou nee.

Hannah, het mag gezegd. Door jouw enthousiasme bekeek ik de familie met een verse blik.

Ten eerste hébben Lodewijk en ik familie:
zíe wat ís.
Ten tweede overheerst vriendelijkheid:
geníet wat ís.
Ten derde speelt de plicht een (kleine) rol:
verdráág wat ís.

Sinds het stamboomonderzoek hebben we hartelijk en informatief contact via brieven, mails, foto's en wenskaarten .

Twee jaar geleden gingen Lodewijk en ik voor 't eerst naar de Verenigde Staten, Californië, en natuurlijk gingen we je opzoeken in Los Angeles. Je stónd erop, we moesten een week komen logeren. Eerlijk is eerlijk, we hebben even geaarzeld en toen hebben we de gok gewaagd.

Hannah, we hebben genóten. Je moeder is een prachtige, levenskrachtige vrouw. Je kinderen zijn mooie, zelfbewuste, aardige, jonge mensen. En jíj, dearest Hannah, bent ónze ontdekking. Nu ga ik even een boekje open doen.

Je hebt een heel groot hart, je bent een liefhebbende moeder, je staat als mens-met-verantwoordelijkheden in de maatschappij, als vrouw alleen sta je je mannetje, je bent heel gastvrij en op zondagen kook je graag voor veel (wel tien) mensen, je bent een kenner van Aziatische kunst en een liefhebber van moderne kunst.

We voelden ons helemaal thuis bij jou en we hopen dat jij je bij ons ook thuis zal voelen.

Ik haal nog een paar herinneringen op. Wat hebben we genoten van de musea voor moderne kunst: the Moca and the Getty Centre. Vooral die zonovergoten terrassen tussen de kunstgebouwen van the Getty waren een fantastische bonus. Ja, het klimaat in Californië is heerlijk. Bereid je maar voor, de zomer in Nederland is gematigd, meestal koel.

You insisted. The Grand Canyon is niet ver van Los Angeles, maar 450 mijl. We gingen drie dagen; de reis was wonderschoon en bijzonder. Fijne mensen, grote auto, véél ijsklonten mee, picknick, tussenstops in én woestijn én gebergte, verrassende gesprekken op hotelkamers.

aAH!

The Grand Canyon.

oOH

Aarde en hemel. Ruimte en tijd.

Licht en kleuren.

Ochtendlicht en ochtendkleuren.

Middaglicht en middagkleuren.

Avondlicht en avondkleuren.

Een wolk schuift voor de zon

en alle kleuren veranderen.

Wonderbaarlijke kleuren.

On-be-schrijf-lijk.

Dat wil zeggen.

Jij en je dochter Joan komen naar Nederland en jullie logeren bij ons. We doen leuke uitstapjes, maar het belangrijkste is de familiereünie. We kunnen via de mail alle wensen bespreken.

Hoe dan ook, je komt naar Nederland. In dit land is geen Grand Canyon met zijn wonderbaarlijke kleuren. Wel is er in mijn land één kleur met een ongekend grote variatie aan tinten en gevoelsnuances; je zult het belévende:

GROEN

grasgroen, bomengroen, teergroen, bleekgroen, kikkergroen, lichtgroen, geelgroen, donkergroen, bronsgroen, doorschijnend groen, glanzend groen, spiegelend groen, pril groen, maagdelijk groen, ontluikend groen, heel veel groen, hoopvol groen, koesterend groen, hartveroverend groen, levenslustig groen, sappig groen, mals groen, knapperig groen, kruidig groen, geurig groen, lekker groen, dartel groen, dwaas groen, fluistergroen, ruisend groen, ritselgroen, krakend groen, dor groen, oud groen, niet meer groen, ... , eeuwig groen, lentegroen, lokkend groen, romantisch groen, geilgroen, verzadigd groengroen, wazig groen, mystiekgroen, trollengroen, oerbossengroen, diepegrondengroen, weidegrondengroen, kasplantjesgroen, grasgroen, bomengroen, groen.

Maar nu eerst de familiereünie. Ter voorbereiding zal ik na thuiskomst verse foto's van alle familieleden proberen te maken en die naar je doorzenden.

Helaas is de familiale generatie voor ons overleden, behalve je moeder. De familie telt in totaal 18 mensen: neven en nichten plus partners (11) en kinderen (7).

We gaan er een feest van maken met eten, drinken en vrolijk zijn. YES!

Enne, Hannah, wie weet, jij en single neef Gosse, uh, dat zou wel eens kunnen klikken …

Nog krap vier maanden en dan zien we elkaar weer, maar dan op Nederlandse bodem.

Joyful! Welcome!

We verheugen ons op jullie komst.

Please give our love to Joan and Luke.

Love,

Adolphine and Lodewijk

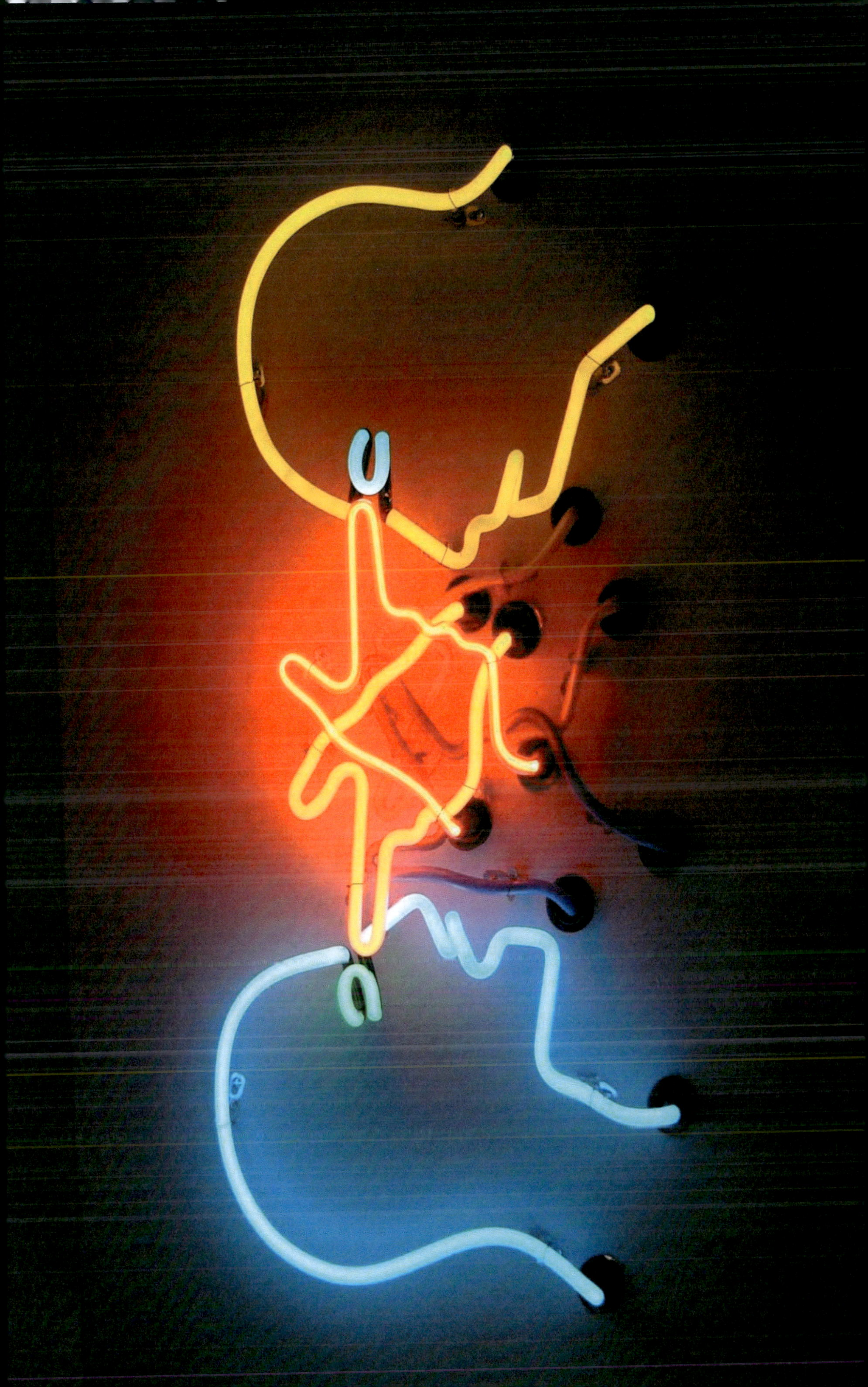

2 maart

Lieve Maria,

Ik mis je. Ik verlang naar thuis, naar Lodewijk, en naar mijn hartsvriendin Maria die ik als jonge student leerde kennen. Je was toen een collega van Lodewijk en op een feestje hebben we elkaar ontmoet. Het klikte, de vriendschap groeide en op een dag besloten we elkaar elke donderdag te ontmoeten inclusief eten en meestal exclusief Lodewijk.

Bijna alle denkbare gespreksonderwerpen kwamen en komen voorbij. Familie tot en met de verzwikte enkel van tante Toos. Vrienden en dierbaren en ja, natuurlijk, ook mannen en seks. Persoonlijke thema's, maar ook vakbond, politiek, feminisme en de crisis: kreun, je aandelen gingen in rook op.

Ik studeerde, werkte kort en kreeg een kwaal voor het leven. Jij studeerde voor mijn tijd, werkte, veranderde enkele keren van baan, je ging steeds meer verdienen, maar reed veertien jaar in een auto vol met butsen. Als hij maar rijdt.

Wij delen aan de basis wat jij een geluksgen noemt. Ik zeg dat wij blij geboren zijn. We zijn allebei geboren en opgegroeid in eenvoudige, zorgzame, stabiele gezinnen. Wij, Maria en Adolphine, houden van onszelf. Zelfbewust, intelligent, sterk en zwak, en vrouwelijk. We dragen meestal jurken en rokken en alles wat daarbij hoort zoals pumps, kousen, nagellak en lippenstift. Wat we aan hebben is zelden in de mode, maar wel leuk om naar te kijken. We hebben (hihi) bekijks.

'Hij keek naar mij en ik dacht spontaan: dát is een interessante man! Vorige week kwam hij langs en ik moet zeggen: hij heeft tekst.'
'Zo! Je bedoelt, het gáát ergens over.'
'Ja, hij heeft tekst, en wat zo leuk is, hij is geestig, ik heb in tijden niet zo gelachen. En hij heeft een Porsche.'
'Sinds wanneer kan jou dat wat schelen?'
'Het maakt me geen mallemoer uit, maar ik vind het gewoon leuk, een man met een Porsche. Een man op een fiets is ook prima. Oh, wat hebben we gelachen. In bed hebben we ook gelachen.'
'En?'
'Nou, onstuimig mag je wel zeggen.'
'Maartje, geniet ervan! Beginnerselan is er vooral aan het begin. Het begin van

Lodewijk en mij ligt zowat in de prehistorie. Wij vinden steeds opnieuw het wiel uit en poken dan het vuur weer lekker op, maar beginnerselan … oh la la ! Je nieuwe vlam heeft tekst en humor én is onstuimig, maar, uh,
heeft-ie ook oren?'
'Oren?'
'Nou, jij hebt ook tekst en dat vraagt om oren die kunnen horen.'

'Ik ken hem pas en het sprankelt. Die sterkte-zwakte analyse komt later wel.'

'Ik heb vandaag heel weinig gegeten. Wat gaan we eten?'
'Verantwoord, zoals meestal : lekker, gezond en niet teveel kcalorieën. Zeewolf in tomaten-ansjovis plus tuinkruiden, bruin stokbroodje in de oven, prinsessenboontjes en toe verse mango. Plus wijn en espresso.'

'Adolphine, mag ik even klagen?'
'Dat mag, kom maar op.'
'Och, het bekende liedje. Ik doe zo mijn best en toch kruipt mijn lichaamsgewicht omhoog. Ik zit nu in de gevarenzone. Ik eet weinig en wat ik eet is gezond, maar mijn gewicht zit muurvast. Ik moet toegeven, 't is winter en ik beweeg veel te weinig.'

'Maria, je hebt pech. Gemiddeld verbruikt een vijftigplus vrouw aan energie 1.800 kcalorieën en jouw lichaam heeft maar 1.300 nodig. Da's weinig, maar wel de harde werkelijkheid. Bedenk maar zo: zonder jouw beheersing was je allang veel zwaarder geweest. Dus je wínst is dat je plusminus op gewicht blijft. Nog even, dan breekt de lente weer aan en dan ga je weer fietsen, wandelen en tuinieren.

Kom, we gaan lekker eten. Enne, gun jezelf thuis af en toe iets lekkers, want een beetje verwennerij heeft een mens nodig, voor lichamelijk en vooral geestelijk evenwicht.

Maartje, ik vind je heel dapper en volhardend. Kijk naar de grote lijn. Die paar winterponden gaan er straks weer af. Je hebt een leuk koppie en je ziet er prachtig uit.'
'Fijn, zo'n peptalk had ik net nodig. Dolphie, kuskus.

Oh, Adolphine, bijna vergeten, ik heb nog groot nieuws: mijn poes Miepje is zwanger!'
'Maria, dat is fantastisch, dan word je Oma! Ik ga meteén sokjes breien voor alle kleintjes. Wat een feest. Wanneer komen ze?'
'Nou, uh, ik denk over ongeveer zes weken.'
'Zoo, dan moet ik vliegensvlug gaan breien, hahahihaho.'

'Kom, nu gaan we écht aan tafel.'
'Hmm, lekker die vis in die saus.'
'Ja, lekker hè?'
'Hmm, en zo'n knapperig warm stokbroodje.'
'Ja, smaakt goed.'
'En die wijn!'
'Ja, ik had vandaag zin in echte, goede, witte wijn. Chablis. Tikje prijzig, maar was in de aanbieding. Zoo lekker, Chablis.'

'Kijk, Maria, het ouder worden brengt zorgen met zich mee:

- het Verval
- het Gewicht
- Kwaaltjes.

Maar waar ik zo tevreden over ben is dat al die geleefde jaren ook Ervaring, Inzicht en wie weet zelfs Wijsheid opleveren.'
'Mee eens. (hapslik, slokje) Ik ken mezelf veel beter en mijn verwachtingen kloppen met het haalbare. Vroeger viel ik mijzelf nogal eens tegen. Nu komt dat zelden voor. Ik heb geleerd te willen wat kán en dat geeft rust in mijn tent.'
'Ja, dat geeft zelfvertrouwen.'
'Voor mij hoeft die jongheidscultus niet. Ik wil er in het heden natuurlijk goed uitzien, en daar doe ik mijn best voor, maar ik ben nu geworden wie ik ben en dat is hartstikke mooi.'
'Maria, we zijn het weer helemaal eens, we kunnen nooit eens fel debatteren.'

Toch zijn er verschillen.
Jouw werkzame leven en mijn leven-met-kwaal.
Mijn langdurige relatie met Lodewijk en jouw geliefden en minnaars.

Ik ben een alfa en jij een bèta. Je bent een veelzijdige bèta met vooral veel kennis over het leven vanaf de oersoep tot en met de mens. Ik kreeg door jou belangstelling voor bèta-onderwerpen. Het begon met 'Lucy'. Ik las boeken over het ontstaan van leven, over leven van planten en dieren en de mens, boeken over fossielen. Het laatst geleende boek was een leerboek natuurkunde voor beginners. Toen sloegen bij mij de stoppen door. Daar las ik dat in de natuurkunde álles massa heeft.

En mijn overleden moeder dan?

Oh nee, die tijden zijn voorbij, desnoods ben ik gekke Henkie, vooruit dan maar.

Ik probeer puzzels op te lossen. Mijn moeder sterft. Ik voel haar geestkracht, haar energie vertrekken. Later komt haar geestkracht mij vervullen in de vorm van trillingen. Ik wist zeker dat het de geestkracht van mijn moeder was, er moet dus informatie in die 'energiewolk' hebben gezeten.
Daarna ben ik logisch gaan nadenken. Alles wat leeft gaat dood en dan komt er kennelijk energie vrij die ik immaterie noem, de 'tegenpool' van materie.

Hoe gaat het met de dode materie?
In alle materie zit energie. Deze energie verandert van 'gedaante' door wisselwerkingen. Zou in de dode materie niet ook het principe kunnen gelden:
materie ∞ ∞ ∞ wisselwerkingen ∞ ∞ ∞ immaterie?
En dat dan de immaterie als het ware in rook opgaat? Waarom zou de kwestie materie – immaterie voor levende organismen gelden en niet voor de dode materie?

Wiskunde.

Ongeveer 500 jaar na Chr. heeft de nieuwe betekenis van het getal nul (dat is niet het cijfer nul) geleid tot het begrip oneindigheid.

De wereld aan gene zijde werd ontdekt te weten de mín-getallen:

. . . . . -3 -2 -1 0 1 2 3 . . . . .

Een getal delen door nul bestaat niet, maar je kunt wel delen door 0,1 en door 0,00001 en door 0,0(oneindig aantal nullen)1.

Natuurkunde.

De natuurkunde verklaart de materiële 'pluswereld'. Rondom nul en erboven.
De wiskunde ontdekte gene zijde, de min-getallen, oneindigheid.
Idee. Zou de natuurkunde 'een wereld aan gene zijde', een immateriële mínwereld kunnen postuleren?
Zo ben ik, een alfa, uiteindelijk op het idee gekomen dat alles in het universum is opgebouwd uit
materie ∞ ∞ ∞ wisselwerkingen ∞ ∞ ∞ immaterie.

Bijgaand heb ik een simpel schemaatje opgesteld.

Pooh-Pooh, 't is wat. Ik ben dol op Winnie de Poeh, die doet soms ook grootse uitspraken
Maria, jij bent een bèta, na mijn thuiskomst hoor ik graag wat je van mijn ideeën vindt.

universum

materie | wisselwerking | immaterie
massa-gewicht | | gewichtsloze ma
plús | | mín
gevangen energie | | vrÿe energie

wisselwerking

fusie splÿten | | splÿten fusie
afval | | afval

wisselwerking

chemie

to eat or to be eaten

stofwisseling

chemie

afval | inname | | inname | afval
inname | afval | | afval | inname
afval | inname | | inname | afval
inname | afval | | afval | inname

Lieve Maria, het gaat beter met me.

Het eiland, ik en mijn kwaal, schrijven, denken, rust, fietsen, stappe stappe lopen, het eet- en stamcafé, de vuurtoren, het strand en die eindeloze zee.

Nog even en dan ga ik naar huis.

Lodewijk, thuis, de stad.
Maria weer zien. Roos weer zien. Maria, Roos en Adolphine, vijftigplus en helemaal mooi. Ik heb een foto van een prachtige roos, vol in bloei, met een paar kleine herfstrandjes, én, die roos is twee weken oud. Zo zijn wij.

Binnenkort ontmoeten wij elkaar weer op de donderdagavond. Samenzijn, je nabijheid en warmte. Hapje en slokje.
Ik verheug mij.

Liefs, ik hels je om, tot gauw, ik mis je,

Adolphine

5 maart

Lieve Roos,

Ik mis je. Ik verlang naar thuis, naar Lodewijk, naar mijn hartsvriendin Roos. Ik ben nu krap twee maanden op het eiland en ik ontmoet veel aardige mensen. Alleen is maar alleen. Ik kan goed tegen alleen zijn bij de gratie van mensen-die-er-toe-doen. Hier op het eiland ontmoet ik mensen die er een beetje toe doen. Dat is ook waardevol.

Ik mis mensen die er veel toe doen, mensen van wie ik hou en die van mij houden. We verwarmen elkaar, praten en luisteren, we stutten en steunen. We praten over ons eigen leven, maar er is ook oprechte belangstelling voor de ander. Natuurlijk praten we ook over koetjes en kalfjes, hartelijk gebabbel gewoon voor de gezelligheid.

Soms is de ontmoeting intensief één op één. Vaker ontmoeten we vrienden aan huis voor, tijdens en na het eten. We delen warmte en gezelligheid.

Vriendschap heeft tijd en aandacht nodig om te groeien en te bloeien. Zonder investering geen vriendschap.

Lieve Roos, jij en ik, dat was en is bijzonder. We ontmoetten elkaar, het klikte en we waren meteen vriendinnen. Geen langdurige kennismaking, maar een aangenaam thuisgevoel.

Ik was een eerstejaars student, jij ook, maar je was ouder, je was net gescheiden en je had twee kleine kinderen. Toch, de vriendschap groeide vanzelf. We spraken over ons leven, het gewone en het bijzondere. Vanaf het begin waren wij nieuwsgierig naar de geheimenissen van de onkenbare wereld . Jij bracht allerlei boeken in over leven na de dood, over reïncarnatie, over voorschouwen en meer, want over één ding waren we het eens: er is meer tussen hemel en aarde dan de tastbare, materiële wereld.

Roos, ik voel me veilig bij jou en op een dag heb ik al mijn moed bij elkaar geraapt en je verteld over mijn ongestuurde gewaarwordingen. Ik ben níet bekwaam, níet vaardig, die aparte ervaringen overkomen me en zijn heel verschillend van aard.

Mijn meest waardevolle ervaringen zijn de geestverschijningen van de vrouw die mijn moeder was geweest. Ze kwam me bezoeken in moeilijke tijden en steunde mij. Het leek net of er een engel voorbijkwam. Ik voelde trillingen/vibraties óm me heen en in mijn hele wezen, lichaam&geest. Een wolk van pure liefde, momenten van hemelse heerlijkheid. Ik wist heel zeker: dit is de geestkracht van mama. Er waren geen beelden, geen geluiden, geen woorden. Haar geestverschijningen gaven me de kracht om dóór te gaan.

Sail on silvergirl, sail on by,

Your time has come to shine.

All your dreams are on their way.

See how they shine.

If you need a friend

I'm sailing right behind . . . . . ***

*** Simon and Garfunkel

Wolken van pure liefde, steun en troost. Oh wat was ik haar dankbaar! Ze komt steeds minder vaak. Ze komt niet meer. Ik kan steeds beter op eigen kracht 'zeilen'. Wie weet houdt ze nog een oogje in het zeil?

Ik beleef bijzondere gewaarwordingen in allerlei soorten en maten. Spontaan, ongestuurd. Niet vaak. Hoe vaak? Die ervaringen beleef ik sinds mijn tienerjaren. Vaak genoeg om tot een voorzichtige analyse te komen.

Roos, ik maak een keus en geef je een beeld

De ervaringen zijn mijn ervaringen.

Sommige gewaarwordingen laten mij beelden zien of gevoelens ervaren die terugvoeren naar een (ver) verleden, mogelijk naar een vorig leven.

***Zo zag ik mijzelf als boerenknecht die leefde in de stal van een boerderij. Hij molk de koeien met de hand en zat op een krukje.

***Meerdere malen kreeg ik het beeld van een ruiter te paard die snel door de woestijn galoppeerde. Dit was in Mongolië, zo wist ik in dit mini-filmpje. Eeuwen geleden.

***Op 19-jarige leeftijd was ik in Leningrad (nu St. Petersburg). Ik voelde een onverklaarbaar sterke vertrouwdheid. Het was níet zo dat ik vanzelf de weg wist. Een paar jaar later las ik Anna Karenina van Tolstoj en ik herkende als het ware die wereld. Ik heb veel gereisd en gezien en zo'n speciale vertrouwdheid is zeldzaam.

***Op een familiefeestje vertelde een man smeuïg hoe Chinese voetjes werden afgebonden. Ik werd misselijk, het werd zwart in mijn geest en ik viel bijna flauw. Het duurde wel een half uur, voordat ik weer mijzelf was.

***Jaren later las ik in Marie-Claire een artikel over Chinese afgebonden voeten. Weer werd ik plotsklaps heftig misselijk en ziek. Ik ging snel liggen en herstelde.

Roos, ik heb je ooit verteld over deze ervaringen en toen zei jij: 'Adolphine, jij bent interessant voor een regressietherapeut.' Ik zei meteen: 'Oh nee, ik ben ook een mens met een psychiatrische kwaal. Alle alarmbellen rinkelen! Dan kom ik zo gek als een deur uit een hypnose. Ik neem geen risico!'

Gewaarwordingen zonder tijd en ruimte

***Een wolk van trillingen gaat door me heen en omringt me. Ik herken de geestkracht en de energie van mijn overleden moeder. Mijn horloge vertelt mij later dat de ervaring een paar minuten geduurd moet hebben, maar tijdens de energiewolk was er geen tijd en ruimte.

***In India was ik in een pelgrimsoord. Ik gedroeg me als een pelgrim en stond in de rij om de zegen van de geestelijke te ontvangen. Mijn geest verliet mijn lichaam en voelde zich verbonden met alle zielen, een gelukzalig gevoel. Ik kwam weer terug, even verdwaasd, waar ben ik? Toen zag ik Lodewijk staan. (Ik zei niets.) Ik was weer in het hier en nu. Dáár was het gelukzalig, híer is het goed.

Trigger

***Soms lees ik iets of zie ik iets, een 'trigger', er komt een flits van inzicht en ineens weet ik iets wat ik niet kan weten. Dit is privacy-gevoelig. Voorbeeld. Ik zie een foto, een luikje in mijn geest gaat open: een man en een vrouw dineren samen. Het klopte.

Telepathie

***Sommige ervaringen geven mij in het nu rechtstreekse korte filmbeelden over wat een ander doet en denkt en voelt (privacy-gevoelig). Die beelden kon ik gedeeltelijk verifiëren.

Toekomst

***De meeste toekomstbeelden zijn verbonden met individuele mensen. Ik doe geen uitspraken over de toekomst.

Mijn gewaarwordingen (gww) in 't algemeen:

***alle gww : van korte duur

***sommige gww: abstract, geen ruimte-tijd

***sommige gww: concreet, ruimte-tijd

***sommige gww: gevoelens

***sommige gww: beelden, altijd zwart-wit

***alle gww: zonder geluid

Lieve Roos,

Een paar jaar geleden heb ik je verteld over mijn gewaarwordingen. You are the one and only! Toen ik klaar was sprak je de onvergetelijke woorden:

'De onkenbare wereld, de wereld tussen hemel en aarde, bestaat. Wij praten er al vele jaren over. Jij beleeft ervaringen. Ik ben regressietherapeut. Wij lezen boeken, vaak geschreven door gerenommeerde wetenschappers. Her en der staan er materiewetenschappers op (veelal neurowetenschappers) die een brug proberen te slaan tussen materie en immaterie.

Mensen die bijzondere gewaarwordingen beleven zijn relatief zeldzaam. Die ervaringen kun je zelden verifiëren. 't Is maar wat de gek ervoor geeft. Jij ziet/voelt 'dingen' die anderen níet zien, dus 'je ziet ze vliegen'. De (natuur)wetenschap heeft nog geen theorieën over de immateriële werkelijkheid. Adolphine, you are a lonely wulf.'

'Maar Roos, jíj gelooft in mij, dan ben ik niet lonely.'

'Ik wil van mijzelf houden, ik wil van mijn dierbaren houden en ik probeer van de medemens te houden. Ik heb vriendschap en liefde van dierbaren nódig.

Ik ben gezegend met een heleboel positieve kwaliteiten, en ten overvloede ben ik een mens met een psychiatrische kwaal. Daar leef ik mee en gelukkig aanvaarden mijn dierbaren mij mét kwaal.

Heel soms vertel ik iets over mijn gewaarwordingen en dan kijken ze me neutraal of glazig aan. Prima, daar kan ik mee leven. Maar ik ben wel blij dat tenminste één mens, en dat ben jij, Roos, minimaal naar me wilt luisteren en mijn ongewone ervaringen níet ontkent en afdoet als aberraties en dwalingen van een zieke geest.

In de middeleeuwen zou ik als heks op de brandstapel terecht komen!'

Roos, toen ik klaar was – vertellen, vertellen, vertellen sprak je de onvergetelijke woorden:

'Adolphine, we weten het niet. Neem jezelf serieus, ínclusief die bijzondere gewaarwordingen. Ik hou van jou, helemaal, dus ínclusief. Maar we leven hier op aarde in het nu. Zoek en vind de aarde, maak bodemcontact. Leef het gewone leven met alles erop en eraan.'

Lieve Roos, ik voelde en voel me gesteund door je omarmende geest.

Gek genoeg, ik hou van het gewone leven. Ik kan enorm genieten van hele gewone dingen. Ik geniet niet alleen van een bos bloemen, maar ook van een mooie lichtinval, van een lieveheersbeestje in een plant, van kletterende regen tegen de ramen, van een zacht mohair vestje, van de geur van uitgebakken spekjes, van de smaak van een sappige appel of van ons heerlijke kraanwater.

Ik ben blij geboren, Maria noemt dat het geluksgen.

Mijn moeder noemde mij het zonnetje in huis. Rond mijn dertigste kreeg ik mijn kwaal en moest ik meermalen inktzwarte depressies beleven. Ik kon gewoon denken en praten, maar alle gevoel was dood. Ik kwam erachter dat een gezond mens aan Alles een gevoel, een waarde, een waardering, een betekenis verbindt.

Ik hou van Lodewijk, ik wéét, maar ik voel het niet.

Ik eet, ik proef, maar er is geen beleving, lekker of niet lekker. Wel kan ik kruiden benoemen, maar dat zegt niets over de ervaring.

Wat trek ik aan? Mooi, praktisch, functioneel, mijn verstand kan kiezen, mijn gevoel is dood.

Alle gevoel is dood. Ik ben afgesneden van de levende wereld. Toch kan ik denken en met veel wilskracht dóen. Ik dóe – aankleden, boodschappen, koken – vanuit de hoop dat ik weer ga Leven én omdat ik de liefde van Lodewijk wil koesteren. Ik voelde intuïtief : als ik drie-vier maanden in mijn bed lamlendig lig te stinken, dan raak ik Lodewijk kwijt. Ik heb hem nodig.

Levend dood.
Gruwelijk.

Met de medicijnen verdwenen de depressies, andere ziekteverschijnselen komen en gaan in golven. Die ziektegolven nemen in kracht af, omdat ik heel waakzaam en zorgzaam ben voor mijzelf.

Ik weet niet of ik nog zou leven zonder de liefde tussen Lodewijk en Adolphine. Hij voedde mijn wilskracht om door te gaan.

Ik leef. Ik Leef!

De zon schijnt in mij stralend, meestal. De zon scheen in mij zwakjes toen ik naar het eiland ging. Nú is het buiten grijs, kil en miezerig, maar ik voel me rustig, sterk en evenwichtig. Ik verheug mij, ik ga naar huis, naar Lodewijk.

Lieve Roos, ik hoop je gauw weer te zien. Dan hoor ik al jóuw verhalen en belevenissen!

***Hoe gaat het met jou, Roos?
***En met je geliefde?
***En met je kinderen en kleinkinderen?
***Portrettekenen? Maak je nog koppen?
Jouw kop van mij staat met een verholen glimlach op de vensterbank.
Kunstenaar ben je.
***Zingen, yoga, boeken?

Lieve Roos, ik mis je.

We maken gauw een afspraak met ons tweetjes. We komen tijd te kort. Dat is leuk, dan zijn we nog níet klaar. We willen nog een keer en nog een keer, zolang we leven. Ik verheug me op ons samenzijn.

Heel veel liefs

van Adolphine

8 maart

Lieve Lodewijk,

Ik kom weer thuis!

Jij, jij & ik, ik, wij.

Twee maanden leefden wij gescheiden en nu gaan we weer opnieuw samenleven.

Ik zit in de trein en ik ben in gedachten verzonken.

Fijn, nog even en dan ben ik thuis. Dan ga ik weer echt koken en samen met Lodewijk eten. Het gewone, dagelijkse leven is niet zo gewoon. Dat mag ik gelukkig vaak ervaren, maar nu is het echt bijzonder en nieuw. Oh, heerlijk, we gaan weer samen slapen, zo vertrouwd, fijn, zijn warme lijf tegen het mijne. Ook het oeroude spel. Ja, meestal in bed, maar soms kriebelt er iets in me, zomaar. Hij kijkt televisie. Ik kom op hem af, kijk ondeugend en zeg: 'Wat zit jij daar stilletjes te verbergen? Ja, ik zíe het wel, meneer houdt zijn overhemd zorgvuldig dichtgeknoopt. Wat zit daar achter?' Ik maak een knoopje open en ben blij verbaasd over het wonder dat zich openbaart. De gordijnen gaan dicht.

Ook ga ik terug naar mijn gewone leven op de flat in de stad. Mijn leven met kwaal, maar ook een leven met veel kwaliteit en liefde.

Lekker veel boodschappen doen, Maria zien op de donderdagen, lang bellen met Roos, met papa samen zijn, thuis wennen natuurlijk, een nieuw fotoalbum maken, weer studeren, fietsen door de stad, naar de markt gaan, mensen kijken, gewone mensen, bijzondere mensen, kinderen en baby's. Prachtig!

Fijn, nog even en dan ben ik thuis en in de stad. Toch ben ik een beetje bang. Op het eiland heb ik mijn evenwicht hervonden, maar zal het goed blijven gaan? Dan troost ik mezelf. Adolphine, in jouw leven is veel liefde en zorg. Dat is geen garantie voor een probleemloos bestaan, maar wel een grote bron van warmte en steun. In moeilijke tijden maakt dit Het Verschil! Ik kan ziek zijn en me toch tevreden, ja, zelfs gelukkig voelen. Raar maar waar.

Ah, we naderen mijn stad.

Op het station neem ik een taxi. Honderd meter voor de ingang stap ik uit. Ik loop met mijn zware, rollende koffer door mijn straat. Alsof ik niet weg ben geweest.

Prachtig, die jonge lindebomen. Daar staat de auto, Lodewijk gaat op de fiets naar zijn werk. Daar is de ingang. Ik ga met de lift omhoog. De koperen deurknop is dof, die ga ik gauw lekker oppoetsen.

Ik kom alleen thuis, dat was mijn wens. 'Lodewijk, ik vind het fijn om eerst rustig en langzaam te wennen. Kom maar thuis gewoon na je werk, je hoeft geen vrij te nemen.'

Dan ben ik binnen. Ineens zie ik hoevéél jassen er in de hal hangen en dát voor twee mensen. Ah, het bontjasje van mama! Ik schat een halve eeuw oud en toch nog mooi, en, van mama. 't Is maart. Die ga ik volgende winter weer dragen. Ook herken ik de huisgeur. Nooit eerder ervaren, onze huisgeur.

In de woonkamer overvalt me een bombardement aan herinneringen. Dit kan ik niet aan en ik loop meteen door naar onze grote woonkeuken. Ah, dát is thuiskomen: op de keukentafel staat een vaas met prachtige rozen van Lodewijk. Op het kaartje staat heel eenvoudig: welkom, lieve Adolphine.

Ik word helemaal warm en mijn ogen prikken. Oh, wat ben ik blij, thuiskomen en Lodewijk. Voor Lodewijk heb ik met zorg een mooi cadeau gekocht. Straks komt hij thuis, ik hoop dat ik hem ook blij kan maken.

Ik kijk rond in de keuken en meteen zie ik verse appels op de fruitschaal liggen. Ik hou van appels, dat wéét hij. Even zitten. Glas bronwater erbij. Ik zoek in de koelkast naar bronwater, maar ook zie ik een nieuw, groot stuk verse, oude boerenkaas liggen. Die is zo lekkerrr, meteen een stukje proeven. Ik stop een stukje boerenkaas in mijn mond, ogen dicht, langzaam smelt de kaas, alle smaaksensoren zijn actief, en eventjes ben ik in de zevende hemel. Oh, kreun, thuis, wat een zaligheid.
In de koelkast zag ik ook Chablis staan, mijn favoriete witte wijn. Die drinken we straks samen.

Ik was een beetje vergeten dat Lodewijk zo'n attente man was en is. Hoe kan ik dat nu vergeten! Ik ken hem al zo lang. Trouwens, ik mag ook graag een beetje verwennen. Is dat niet één van de geheimen van een goede relatie: elkaar steeds weer opnieuw aandacht geven?

Ik kijk verder rond in de keuken en herontdek het espressoapparaat. Twee maanden lang heb ik koffiepoeder met water aangelengd. Vanaf nu kan ik weer verse, geurige koffie drinken en genieten van een weergaloos Weids Uitzicht:

profiel van de stad, boomkruinen, ruimte en Hollandse wolkenluchten, vogels in de lucht, vogels op de balkonballustrade, kleurige violen op het balkon en beneden de binnentuin met vijver en fontein.
Oost west, thuis best.

'Adolphine, nu moet je even oogkleppen opzetten.' De indrukken tuimelen door mijn hoofd. Wat zei de psychiater ook al weer? 'Prikkelreductie zou goed voor u zijn.' Thuis geldt dat ook, die inperking van prikkels. Ik moet een rustpauze inlassen. Ik besluit een uur te gaan liggen met een donkere sjaal over mijn hoofd. Als ik geluk heb val ik in slaap.

'Hè, daar knap ik van op. Absolute rust, en ik heb ook nog een half uur geslapen, da's goed voor mijn hersengolven, zo noem ik dat.

Even nadenken. 't Is nu vijf uur en rond zeven uur komt Lodewijk thuis. Huppatee, aan de slag en de koffer uitpakken. Néé, geen mijmerijen, uitpakken! Zo, dat ruimt op, alle kleren liggen in de wasmand.

Kom, ik ga me douchen en ik kies mooie kleren uit. Soms is dat een hele klus, want ik trek aan wat bij mijn gevoel past. Nu niet, ik weet 't meteen: die zijden bloes die ik van Lodewijk heb gekregen, met zus, en zo, en dat. Klaar. En een beetje opdoffen natuurlijk.

Laat ik de lege koffer naar de berging brengen. Ik ga met de lift naar beneden en druk op de knop -1. Hé, mijn fiets! Ah, weer fietsen door mijn eigen stad, een stad met een middeleeuwse kern en grachten, maar ook een stad met alle moderne voorzieningen. In mijn verbeelding zie ik mijzelf fietsen door de stad. 'Kom, Adolphine, terug naar hier en nu en met de lift naar boven.'

Nog een uur en dan komt Lodewijk. Ik zet thee en ga rustig in de woonkamer zitten. Ik voel me vertrouwd en behaaglijk. Hier woon ik, hier wonen wij en hier komen mijn en onze dierbaren op bezoek.

Papa, Dirkje en Anton, Maria, Roos, Kochir en Eva en straks ook Hugo, heel soms Virginia en straks in de zomer Hannah en Joan en de familie voor de reünie. Het laatste diner voor mijn vertrek was het kerstdiner. We waren met z'n achten, Kochir was er ook. Hartverwarmend, vertrouwd, gezellig.

Wat ben ik toch een rijk mens!

Ik drink thee en kijk naar buiten. Ook in de woonkamer heb ik een prachtig en ander uitzicht: ruimte, wolkenluchten, vogels, bomen en stadse gebouwen.

Ik ben nu alleen in de stille ruimte en bedenk.

Lodewijk en Adolphine houden van elkaar en leven meestal in pais en vree. Maar soms was het tussen ons ook oorlog. We smijten dan niet met modder of ondermijnende gemenigheden, nee, dan zijn we koel en afstandelijk.
We beseffen dat oorlog niet vanzelf vrede wordt.

Werken aan vrede vraagt om verdraagzaamheid, achting, diplomatie (= geven en een beetje nemen), argumenten, luísteren naar argumenten, tijd en rust inbouwen, positieve signalen úitzenden en óppikken, en, blijven zorgen voor jezelf en de ander.

In de praktijk betekent dat, dat ik na een tijdje Lodewijk weer on-op-vallend een glas thee geef. Later schenkt Lodewijk weer heel gewoontjes een glas wijn in. De klankkleur in onze stemmen wordt ietsje warmer. Zullen we praten? Dat is goed.

Wat de grieven ook zijn, het allerbelangrijkste is, dat we allebei óók bereid zijn om in onszelf te kijken. Alleen maar de ander de schuld geven, dat schiet niet op. Na het gesprek gaan we zachtjesaan steeds meer zoete broodjes bakken.

Oh, wonder!

Ik hoor ineens onze huismerel. Vorig jaar heeft deze merel ons appartement uitverkoren. Sindsdien geeft hij pal voor het raam prachtige concerten. Hij soleert als een ware opera-vedette, zijn merelaubade klinkt helder door het dubbele glas heen, van dichtbij kan ik zien aan zijn snavel en lijfje hoe hij met volle overgave kwinkeleert. Als onze huismerel zingt, leg ik alles neer om met volle overgave te luisteren en te kijken. Fantastisch.

De aubade is voorbij, de merel vliegt weg.

't Is bijna zeven uur. Ik kijk tot slot nog even in de studeerlogeer. Gut ja, een compúter, totáál vergeten! Mijn aandacht gaat uit naar persoonlijke dingen: een kindertekening van Eva, een doosje beplakt met veren van Kochir, turkooise spiegelbakjes uit India, de antieke koperen inktpot van papa en de knot katoen met haaknaald van mama. Mama heeft prachtige, fijne kleedjes gehaakt, heel knap! Ik zie nog veel meer dingen-met-een-ziel, maar nu word ik een beetje zenuwachtig.

Alle kaarsen en waxinelichtjes steek ik aan. Het huis twinkelt.

Kom, ik ga de fles Chablis ontkurken. Glazen erbij en een speciaal, lekker knabbeltje van het eiland. En mijn cadeau. Hij komt zó thuis. Ik kom van het eiland, hij komt van zijn werk. We gaan samen verder.

Ik hoor de voordeur! Daar ís hij! We omhelzen elkaar, we kussen. We babbelen en knabbelen en drinken wijn. Dan gaan we in de buurt een hapje eten.

We lopen hand-in-hand naar huis.

Onze voetstappen klinken in de stille stad.

't Is laat, de straatverlichting schijnt op halve kracht, we lopen in schemerduister.

'Typisch Nederlands, in sommige huizen kun je zomaar naar binnen kijken', denk ik nog.

We lopen nóg een straatje om.

We lopen hand-in-hand onze straat in.

De jonge lindebomen fluisteren een lied.

We komen samen thuis.

God, wat ben ik gelukkig. Mijn Lodewijk, voor altijd.

Kom, we gaan samen naar bed.

Morgen is er een nieuwe dag.

Liefs en kus van je geliefde Adolphine

Zeitfracht Medien GmbH
Ferdinand-Jühlke-Straße 7
99095 Erfurt, Deutschland
produktsicherheit@kolibri360.de